中華文化承傳

下 册

編　　著：施仲謀　杜若鴻　鄔翠文
編　　審：杜振醉　康一橋　侯玉珍
編務統籌：方世豪

北京大學出版社

圖書在版編目（CIP）數據

中華文化承傳（下册）/ 施仲謀，杜若鴻，鄔翠文編著. —北京：北京大學出版社，2006.1

ISBN 978-7-301-09477-8

I.中… II.①施… ②杜… ③鄔… III.傳統文化—中國—青少年讀物 IV.G12-49

中國版本圖書館 CIP 數據核字(2005)第 107958 號

書　　名：中華文化承傳（下册）
主　　編：施仲謀
副 主 編：杜若鴻
編　　著：施仲謀　杜若鴻　鄔翠文
編　　審：杜振醉　康一橋　侯玉珍
編務統籌：方世豪
插　　圖：沈宇翀　姚　凱　胡　晶
　　　　　徐熙熙　游文婷　劉彥鵬
責任編輯：鄧曉霞　宋立文
標准書號：ISBN 978-7-301-09477-8/G · 1591
出版發行：北京大學出版社
地　　址：北京市海淀區中關村成府路 205 號　100871
網　　址：http://www.pup.cn
電子信箱：zpup @ pup.pku.edu.cn
電　　話：發行部　62750672　編輯部　62752028
　　　　　郵購部　62752015　出版部　62754962
印 刷 者：北京宏偉雙華印刷有限公司
經 銷 者：新華書店
　　　　　650 毫米 × 980 毫米　16 開本　40.5 印張　700 千字
　　　　　2006 年 1 月第 1 版　2007 年 8 月第 2 次印刷

序 一

《中華文化承傳》在經過許多學校試用、反覆修改後終於正式出版了。這是香港教育界、出版界的一件值得慶賀的事。

我實在喜歡這套書；我相信香港青少年朋友也會喜歡這套書；我還相信，如果把這套書譯成英、法等文字，也會受到廣大華僑、華人和外國朋友的歡迎。

爲甚麼？

這套書給人們提供了每個中國人所應了解、每個喜歡中國或想了解中國文化的人需要了解的中華文化輪廓；全書深入淺出，輕重適宜，活潑靈動，依次遞進，趣味盎然，引人入勝；選材和行文頗費編寫者們的苦心，做到儘量與香港生活切近；創造性地與語文課程相結合，可以使同學們擴視野，長知識，開思路；每個專題都提出「思考」或「反思」，給同學和老師發揮想像、思索、補充的巨大空間，體現了學習中華文化的目的不只是增加知識，更重要的是懂得一個國家、一個民族應該怎樣把握自己的命運，怎樣不斷前進。

中華文化博大精深，源遠流長，爲人類文明史上所罕見。相比之下，這套書所涉及的不過是滄海一粟，但卻可以使讀者略窺中華文化的全貌。

需要特別提到的是，現在世界各國、中華大地、港澳台同胞正以前所未有的興趣關注中華文化，學者們正在探索如何普及中華文化的基本常識；恰在此時，這套書出版了，無疑對海內外起到了帶頭和示範的作用，包括對祖國內地，都有著重要的參考價值。

我希望儘快地把這套書推向內地和海外——以滿足中華民族兒女們了解自己民族文化的渴望。我也希望這套書在推廣中不斷吸取學生、老師和社會賢達的意見和建議，修訂得越來越完善，越來越受到廣大青少年朋友的歡迎。

許嘉璐

北京師範大學漢語文化學院院長

全國人大常委會副委員長

序二

文化是人類在歷史發展過程中一切活動的總和，涵蓋政治、經濟、教育、社會、科技、宗教、道德、藝術等多個範疇。我國具有五千年的悠久歷史，文化自是博大精深，往往叫求知者難以入手。爲此，香港大學中文系、香港中華文化促進中心和香港教育工作者聯會攜手合作，於二零零三年展開「初中中國語文科中華文化教學研究及實驗計劃」，藉此凝聚海內外專家學者的知識和力量，制定初中階段中國語文科的文化學習大綱，並按照大綱編訂學習材料，協助學生打開中華文化的寶庫。

一套三册的《中華文化承傳》叢書，以輕鬆活潑的調子，帶領同學透過神話故事、民間傳説、社會習俗、語言文字、學術思想、宗教人生等二十四個單元，全面而有系統地認識中華文化。單元内每一篇章均經過精心編排，内容深入淺出，知識與趣味並重。更難得的是，這些篇章除了傳授文化知識之外，還引發讀者的反思和認同，産生教化的作用。

我熱切期望同學們都喜歡這套叢書，不但掌握中華文化知識，更藉著文化反思，加强對國民身分的認同。

羅范椒芬

香港特別行政區教育統籌局常任秘書長

《中華文化承傳》出版題慶

文化傳承
弘教樹人

中央人民政府駐香港特別
行政區聯絡辦公室教育科技部
二零零五年五月六日

中央人民政府駐香港特別行政區聯絡辦公室
教育科技部部長初志農先生題辭

「中華文化承傳」出版之慶

薪火相傳

香港中華文化促進中心主席

香港大學副校長

李焯芬敬賀

香港中華文化促進中心主席
香 港 大 學 副 校 長　　李焯芬教授題辭

五千年文化
百萬里山河

香港大學中文系主任單周堯教授題辭

敬賀《中華文化承傳》出版

弘揚中國文化

香港教育工作者聯會會長　楊耀忠

香港教育工作者聯會會長楊耀忠先生題辭

前言

一、研究背景

中華文化的承傳是全世界炎黃子孫共同關心的課題。文化教學的目標是爲了使我們的下一代增進對優秀中華文化的認識、反思和認同，提高批判性思維能力，培養正確的倫理道德觀念，加强對國家和民族的歸屬感，並爲進行文化思辨、衡量傳統文化對當今世界的意義奠定基礎。但文化教學具體應怎樣進行？其核心教材應怎樣制訂？文化教學應如何因應不同學習階段學生的認知能力而有所側重？這些問題一直是教育界所關心的，但對此作深入研究的卻尚未見。

香港的中國語文教學，一向較爲强調語文能力訓練而忽視中華文化的承傳。直至1990年的課程綱要，始正式要求「培養學生對中國文化的認識」。2000年的「中學中國語文課程指引」及2004年的「小學中國語文課程指引」，將語文學習分爲閱讀、寫作、聆聽、説話、文學、中華文化、品德情意、思維及語文自學等九個範疇，中華文化才正式列爲語文學習的範疇之一。

目前預科課程設有「中國語文及文化科」，對象是預科的學生；在大學裏，對中國文化的研究則主要在學術層面；而初中學生的文化普及仍有很多拓展的空間。中國語文科新課程頒布後，怎樣系統地把繁富的中華文化結合「中文教學」、「品德情意」和「從生活中去體現」的教學目標是我們熱切關心的課題。然而，綜觀坊間有關中華文化知識的教材，大部分都以預科學生爲對象，針對廣大初中程度的學生，並配合新課程綱要的文化讀物，尚有待開發。

新的語文教學鼓勵學生自學。然而，因爲課程要兼顧多個學習範疇，其中以「閱讀」、「寫作」、「聆聽」、「説話」四範疇爲主，「中華文化」屬配合性質。如何配合？「課程指引」未有清晰的導向，教科書在鋪排中華文化學習內容方面存在著一定難度，多家出版社出版的現行初中中國語文課本，其中華文化知識大都採用較爲隨機的灑點式布局，文化知識點狀如斷珠散豆，並未建構出一個較爲完整的學習系統。因此，制訂初中中國語文科中華文化的學習大綱，編訂適合初中學生閱讀的文化讀物，實乃當務之急。

香港大學中文系於2003年獲優質教育基金撥款，與香港中華文化促進中心、香港教育工作者聯會攜手合作，並邀請教育界、文化界和出版界資深人士擔任顧問，計劃以兩年爲期，制訂初中階段中國語文科中華文化的學習大綱，然後據此編訂合適的中華文化閱讀材料，並組織學校進行實驗。同時以文化講座、工作坊、文化常識問答比賽等方式相配合，以期引起全港初中語文教師、學生和社會人士的參與，從活動中推廣優秀的中華文化，提高他們學習文化的興趣，啓導深入思考文化問題。

二、制訂教學大綱

中華文化的範圍非常廣闊，小學、初中、高中各階段學生的生活經驗、學習興趣、知識水平和能力發展亦各異；因此，我們首先制訂了一個初中中華文化教學大綱，以作爲整體的指導方向。教學大綱是如何制訂的呢？由於中華文化源遠流長，博大精深，可説是包羅萬象，因此，小學、初中、高中各階段應學習甚麽内容，就是首先要解决的問題。研究小組背後有一個高質素的顧問團，成員包括文化學、課程學、教育心理學等方面的專家、中學校長及資深教師，除港澳的學者專家外，還包括内地、台灣、新加坡、泰國、印尼、菲律賓以及歐美等國家和地區的代表。制訂大綱之前，研究人員從今天的社會現實出發，先以問卷方式作意見調查，充分考慮學科本身及教師、學生、家長的需求，同時結合顧問委員會的意見，逐步修訂、完善，做到以學生爲本，以適切性爲原則，符合初中階段的需要，所規定的學習範疇及文化知識點以學生在初中階段必須掌握的爲基準。具體大綱以顧問委員會的意見、教師和學生的回響綜合研究，力求具代表性。

研究人員參照中國語文課程大綱及有關文獻，訂定24個範疇，並據此劃分學習單元，略如下表：

神話故事	民間傳説	社會習俗	傳統節日
河山風貌	名勝古蹟	禮儀情操	工藝服飾
飲食文化	康樂文娱	文學作家	名篇佳作
倫理道德	經濟貿易	交通傳訊	科學技術
藝術欣賞	人文教化	語言文字	修辭語彙
治亂興衰	歷史人物	學術思想	宗教人生

至於各範疇的詳細内容，請逕參考附錄之《中華文化學習大綱》。

三、編寫文化讀物

《中華文化承傳》共分3冊，每冊8個單元，每單元有8至10篇文章，24個單元共222篇。文化讀物的編寫原則如下：(一) 內容的深淺程度切合初中學生的心智發展水平。(二) 文化知識的學習與品德情意的培養相結合。(三) 在介紹文化知識的同時，輔以探究性的問題，啓導學生進入文化反思和認同的層次。(四) 以「知識小品文」的體裁，透過輕鬆活潑的敘述筆調介紹文化知識。(五) 圖文並茂，以提高學生的學習興趣。

本書力求做到趣味性、知識性、文學性、思辨性與現實性兼具。「趣味性」目的是激發學生的學習動機，使學生積極主動地學習；「知識性」用以引導學生了解中華文化，並掌握其菁華；「文學性」是指善用詩詞韵文、警語名句貫穿文章，以富有文學色彩的筆墨感染學生，引起共鳴；「思辨性」在於引領學生進行反思，認同中華文化，讓傳統文化的精神叩開學生的心扉，增强民族自尊和自信；「現實性」則用來拉近學生生活，將「知」與「行」結合起來，在生活中體現優秀的中華文化。

四、進行教學實驗

爲保證中華文化讀物的「科學性」，教學實驗是不可或缺的。我們選定十五所中學進行有關的教學實驗研究，並定期舉辦培訓班及工作坊，指導參與實驗學校的教師掌握文化讀物的編寫精神、施教方法、評估方式以及如何推展活動等。每個單元的篇章由教師於課堂上進行評估，並由研究人員作統計分析。研究人員並定期用問卷方式，向學生收集意見，再結合專家建議，綜合研究，逐步完善學習大綱的建構和讀物的編撰，集思廣益，精益求精。

文化教材內容的深淺程度拿捏是否準確，以學生的反響最能得出結論。因此，實驗的目的也就是爲難以確定的文化點找出立項的根據。而這個實驗，是建立在一個系統化的評估基礎上。評估方法略述如下：

(一) 對教材素質的評估

中華文化教材素質的評估是指對大綱內容和篇章撰寫方式等方面的評價。評估的方式以「質性」進行，分階段性評估和總結性評估。方式如下：

1. 以學生爲本，根據學生的評估成績、讀後感及讀書報告等作「質性」的綜合分析，以改進教材不足之處。

2. 設計問卷，定期向學生和教師搜集修訂的意見；有關意見經綜合分析後，再諮詢專家，以達致總結性的評估。

（二）對學生學習成效的評估

學生學習成效的評估是從「量性」的研究方式進行的，同樣分階段性評估與總結性評估。分述如下：

1. 學習成效從多次的評估中得出。評估由教師在課堂上進行。教師擔當推動和監督的角色。收回的評估試卷交由研究人員批改，並存檔以作量性的統計分析。

2. 爲確保文化教材的適切性，根據學生的評估成績統計分析後，逐步進行修訂。

五、結語

《中華文化承傳》的正式出版，是我們對中華文化研究的一項階段性成果，期望引起海內外文化教育界先進的注意，進一步就小學至大學每個階段的文化教學作深入探討，以促進21世紀中華文化教學的全面實施。

施仲謀 謹識
杜若鴻

二零零五年十月

目錄

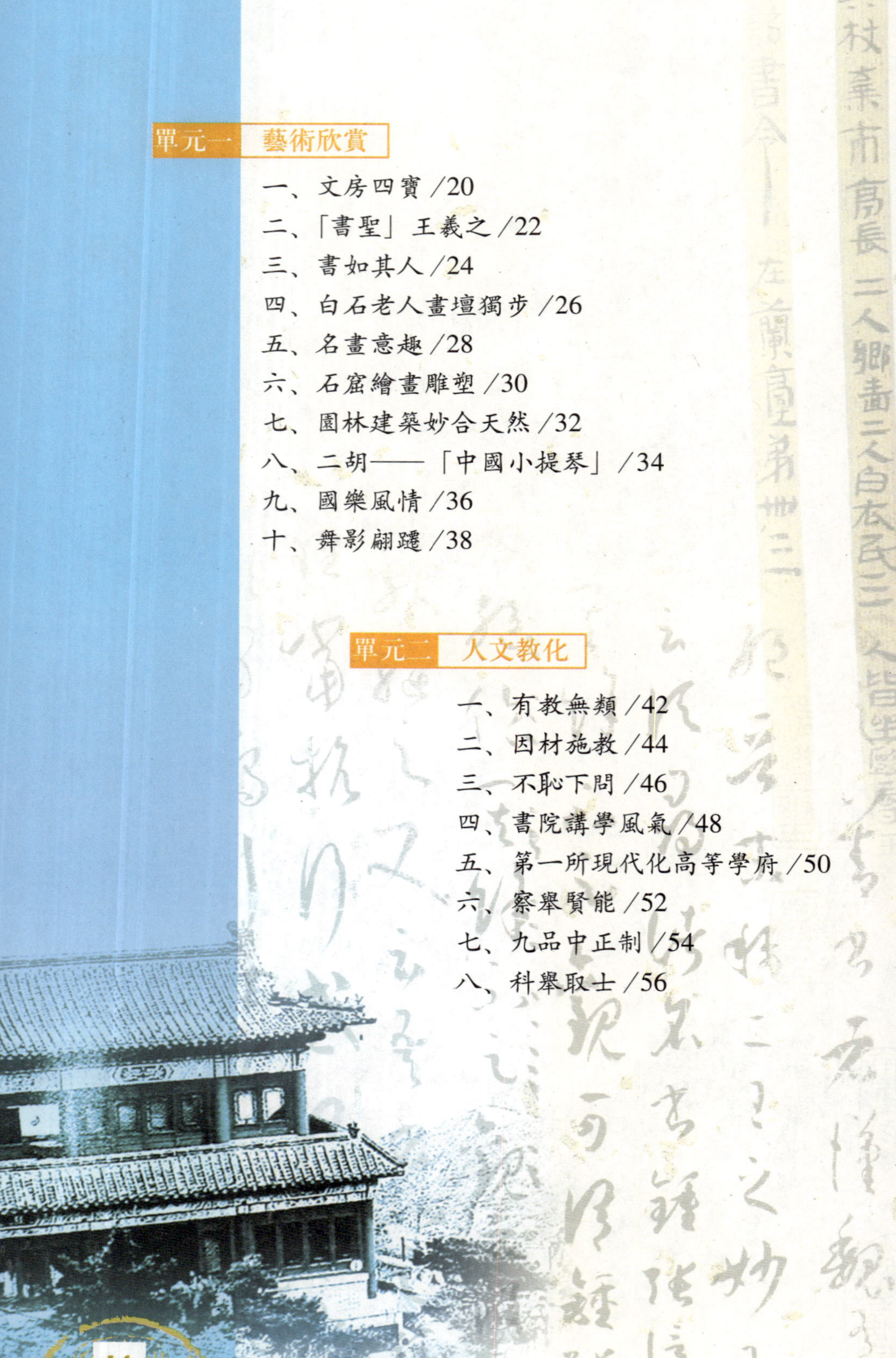

單元一 藝術欣賞

單元二 人文教化

單元三 語言文字

單元四 修辭語彙

單元五　治亂興衰

單元六　歷史人物

單元七　學術思想

單元八　宗教人生

單元一

藝術欣賞

文房四寶

想一想

1. 你知道「文房四寶」是指哪四種文具嗎？
2. 如果要選出現代的「文房四寶」，你會選哪些文具呢？

最佳搭擋

常言道：「工欲善其事，必先利其器。」古時候，不論是著書立說、吟詩作對，還是作書繪畫，都少不了「筆、墨、紙、硯」，它們是文人雅士的最佳搭擋，被譽爲「文房四寶」。

文房四寶——筆、墨、紙、硯

民間流傳不少佳話，道出文人與文房四寶緊密的關係。古書上曾這樣記載：「李太白少時，夢所用之筆頭上生花，後天才贍逸，名聞天下。」說的是李白年輕的時候，曾經夢見他所用的筆頭上開出了一朵燦爛奪目的花。從此，李白詩才橫逸，寫出了大量膾炙人口的佳作，後人更稱讚他是「詩仙」。今天，我們會以「夢筆生花」形容他人文思雋逸，卓爾不群。

文房四寶對古代文人來説是很重要的，南宋詩人說道：「以文爲業硯爲田」，文人以「筆耕硯田」和「筆耕墨耘」比喻自己的創作生涯，就好比農夫在田地上默默耕耘一樣，兩者密不可分。

寶中之王

中國各地出產的「筆、墨、紙、硯」種類繁多，怎樣才算得上是「寶中之王」呢？

「文房四寶」，以「筆」居先。毛筆是中國獨創的書畫工具，其中，出自浙江湖州的「湖筆」，自元代起，歷經明、清兩代直到今天，以其筆鋒尖齊、頓筆圓潤、運筆勁健等特點，成爲「筆中之王」。

中國文人雅士巧妙地運用「墨」的濃淡，宜書宜畫，而安徽出產的「徽墨」，以其霑水不湮的特點，得到「落紙如漆，萬載存真」的美譽，成爲「墨中之王」。

中國是世界上最早掌握造紙技術的國家。紙的種類林林總總，而安徽省宣城所生產的「宣紙」，特點是久不褪色，不易被蟲蛀或腐蝕，因而有「壽紙千年」的稱譽。

硯是一種研墨的工具。在眾多的硯臺中，廣東的端硯以石質細膩、色澤凝重、紋彩典雅的優點而獨佔鰲頭，是「硯中之王」，宋代詩人張九成賦詩稱讚道：

端溪古硯天下奇，紫花夜半吐虹霓。

中國的文房四寶在其發展過程中，實用性與藝術性逐步結合，既是實用的文具，又是具欣賞價值的藝術珍品，所以古往今來，不少人喜愛收藏玩賞。

文化之寶

「筆、墨、紙、硯」除了是文人的良友外，也是中國文化藝術的寶物，爲中華文化寫下光輝的一頁。

文房四寶用於書畫，便產生了中華民族特有的書法和國畫。古代文人雅士靜坐於書齋中，「妙筆陳而佳紙列，硯池泛而奇墨香。」五彩潑墨，或寫下形神各異的書法，或繪出姿態萬千的山水，開創中國書畫藝術的美妙境界。

文房四寶也是中國文化的優秀結晶。例如古代文人喜歡把銘文或勵志嘉言雕刻在硯台上，表明自己的志向、節操和情趣。相傳岳飛在硯台上刻下：

不曰堅乎，磨而不磷；不曰白乎，涅而不緇。①

意思是說：自己猶如硯臺般堅硬和潔淨，磨也磨不壞，染也染不黑，堅持潔身自愛。

「筆、墨、紙、硯」以其巧妙的組合，卓越的功用，使中國文化藝術得以保存下來。

---

①語出《論語・陽貨》。

「書聖」王羲之

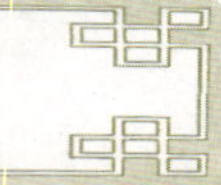

想一想

1. 你知道爲甚麼王羲之喜歡養「鵝」嗎？
2. 怎樣才可以成爲一個成功的書法家呢？

愛「鵝」之人

王羲之是東晉時代著名的書法家，也是中國書法藝術史上最負盛譽的書法家之一，有「書聖」的稱譽。

相傳王羲之是個愛「鵝」之人，他喜歡欣賞鵝的一舉一動，認爲這樣不僅可以陶冶情操，而且還能從鵝的體態姿勢上領悟到書法執筆、運筆的道理。民間流傳著這樣的一個故事：

話説有一天，王羲之看見一位道士趕著一群白鵝忽而展翅狂奔，忽而引吭高歌；他看得出神，很想把牠們買回家去。於是，他便問道士可否把這群鵝賣給他。原來道士一直渴望能得到王書墨寶，心想：「這次可以夢想成真了！我要好好把握良機。」便不露聲色地回答：「這些鵝是不賣的；不過，這樣吧，如果你能給我寫一部《道德經》，我就把鵝都送給你吧。」王羲之求「鵝」心切，便欣然答應了道士的要求。

王羲之如此愛鵝，是希望自己執筆像鵝頸一樣，俯仰彎轉，伸曲自如；運筆又如鵝掌撥水，傾全力於筆端。他從「鵝」的體態姿勢，領悟出不少書法的道理。

天下第一行書

王羲之的書法，主要特點是平正自然，筆勢委婉含蓄，遒美健秀，有「飄若浮雲，矯若驚龍」之譽。其中，《蘭亭序》更成爲中國書法藝術的經典之作。

《蘭亭序》是王羲之在微醺之下，邊吟邊書的即興文稿。當時王

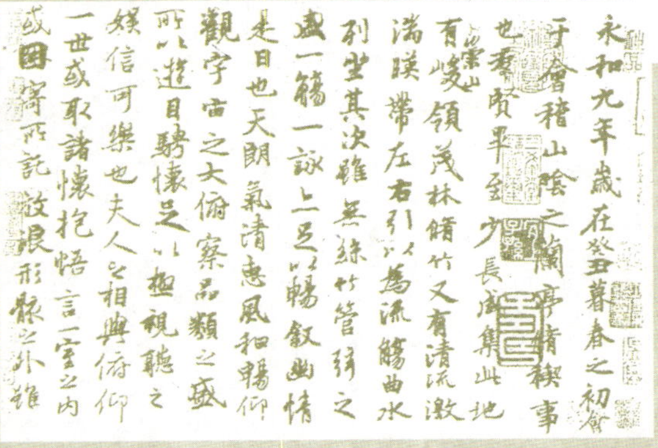

王羲之《蘭亭序》

羲之興致極高，恣意揮灑，一氣呵成，筆致遒媚勁健，秀麗清逸，字字似「天馬行空，遊行自在。」凡重複的字，各具神態，絕無雷同，如「之」字，有的工整如楷，有的流轉似草，百態千姿，令人賞心悅目，被後世譽爲「天下第一行書」。

可惜，《蘭亭序》的真跡早已隨唐太宗葬入昭陵，現在見到的種種版本都是臨本或摹本。

吃墨饃饃[①]

常言道：「種瓜得瓜，種豆得豆。」王羲之爲了練好書法，總是廢寢忘食。據說有一天，家僮端上一盤饃饃[①]和醋蒜，說道：「老爺，吃飯了！」王羲之只顧練字，沒有回應。家僮無奈，只得去請王羲之的妻子郗氏前來相勸。郗氏來到書房，只見王羲之手裏拿著一個霑滿墨汁的饃饃正往嘴裏送，等吃到嘴裏，發覺又苦又澀，才吐出來，說道：「爲甚麼味道怪怪的？」郗氏看見，忍不住笑起來，回答說說：「因爲你吃錯了！你把墨汁當成了醋蒜了！」王羲之知道真相後，也不禁哈哈大笑。

今天，不少人的處事態度只有「三分鐘熱度」，遇上困難時，便會放棄自己的理想或目標，結果一事無成。王羲之專心一意、孜孜不倦的學習態度，或許能給我們一點啓示。

①饃饃：饅頭。

書如其人

想一想

1. 中國書法五種主要書體是甚麼？
2. 你知道「書如其人」是甚麼意思嗎？

看劍舞，學書法

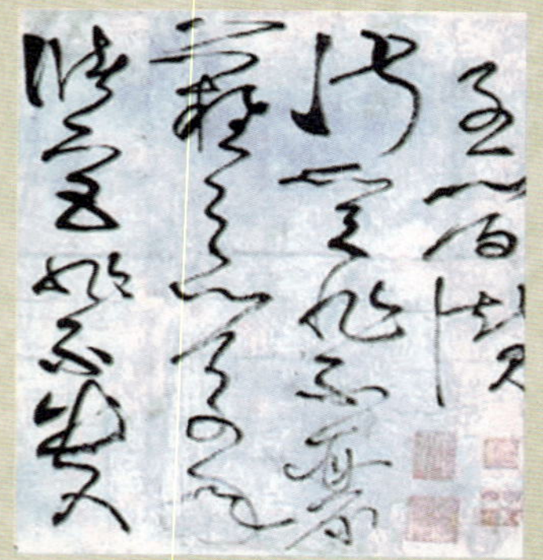

張旭《古詩四貼》

中國書法，是中國獨有的一種線條造型藝術，具有極高的審美價值。如右面的這幅作品，是晚唐草書大家張旭的作品，全篇詭奇多變，筆法奔放，充滿浪漫色彩。相傳張旭的筆法是從公孫大娘的劍舞中獲得靈感的：公孫大娘的劍法千變萬化；張旭把劍器幻想成自己手中的筆，將公孫大娘輕重疾徐的動態，融會於書法創作中，形成了「如走龍蛇，奇險萬狀，急風驟雨，變化無常」的技巧。又據傳張旭性格豪放，好杯中物，大醉後往往狂呼奔走，然後回到書齋，提筆落墨，一揮而就，時人稱他爲「張顛」。

五大書體，各呈異彩

古代書法，書體各異，後人歸納爲篆書、隸書、草書、行書和楷書五大類，表現手法非常豐富，同一種書體，也會因人而異，表現出不同的風格，多姿多采，猶如「百花齊放」，令人目不暇給。例如唐代褚遂良和顏真卿都是以楷書見長，然而二人風格各異，各饒韻味。褚書瘦勁俏麗，筆畫較細，後來宋徽宗的「瘦金體」即由此發展而來；而顏體寬博端莊，剛毅沉雄，線條蒼勁渾厚。

學好書法有「訣竅」

怎樣的書法才可以自成一家，具有個性呢？唐太宗李世民《筆法訣》中曾經這樣

> 字以神爲精神，神若不和，則字無態度也。

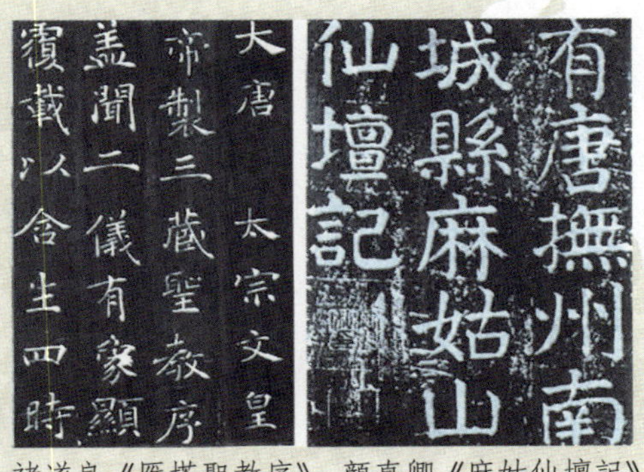

褚遂良《雁塔聖教序》　顏真卿《麻姑仙壇記》

意思是説：一幅成功的書法足以表達書法家的志向、修養和情趣，欣賞者可以隨著筆墨的變化而心蕩神馳，與書法家產生共鳴。簡而言之，就是一個「心」字，書法家要以「心」來創造，才能寫出動人的作品。試欣賞宋代蘇東坡的《寒食詩帖》：

蘇東坡《寒詩帖》

《寒食詩帖》被後人稱爲「天下第三行書」，全篇變化多端，率意揮灑，不囿於古人的筆法，這和蘇東坡豪放雄邁的個性是分不開的。

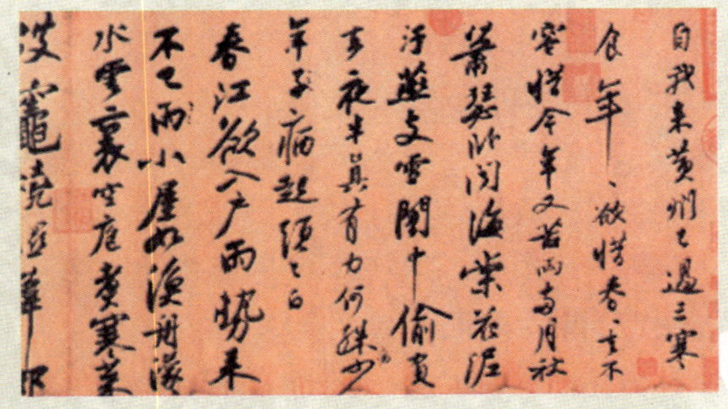
蘇東坡《寒食詩帖》

或許有人要問：學習書法，有甚麼訣竅嗎？「訣竅」是有的，那就是：要寫得一手好書法，除了勤學苦練之外，還必須不斷修養自己。書如其人，有一定的涵養，自然會在字裏行間流露出來。

隨著社會的發展，古代和現代社會的主要書寫工具也不相同。古時候，無論是著書立説，還是書信往來，都要依靠紙、筆、墨、硯；因此，很多人都練成一手好書法。可是，隨著科技的進步和普及，現代人紛紛採用電腦輸入文字，取代人手書寫。漸漸地，中國傳統書法藝術距離我們的生活便越來越遠了。然而，作爲獨具一格的中國藝術門類，我們是不能只注重實用功能的，應繼承和發揚這一優良的傳統藝術。

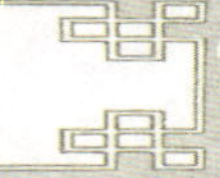

白石老人畫壇獨步

想一想

1.爲甚麼齊白石被稱爲「人民藝術家」?
2.齊白石是怎樣向名家學習的?

畫蝦一絕

齊白石是現代著名畫家，享年九十有三(1864—1957年)，世稱「白石老人」。

齊白石自幼酷愛繪畫，可是家境清貧，要從事挑水、砍柴、種菜、放牧、釣魚等勞作。他吸取了古代文人畫家的表現手法，但筆下的題材卻是農村常見的景致、人物、農具、動物、植物等，充滿著平民百姓的生活情趣，因而被譽爲「人民藝術家」。如《挖耳圖》，畫一老翁坐於竹椅上掏耳朵，一隻眼半閉著，正掏到癢處，神情描繪得維妙維肖，盡顯畫家的幽默風趣。

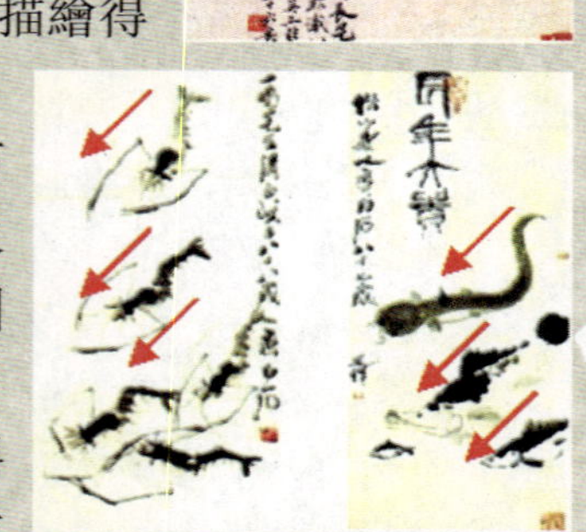

在眾多的大自然生態題材中，齊白石最擅長畫蝦，透過深淺墨色，將那些在水中游動的小生物，畫得活靈活現，堪稱國畫一絕。

此外，齊白石無論是畫蝦，還是畫蝌蚪、魚、螃蟹等，它們大都是朝著同一方向游動。這樣的安排，可以讓觀賞者感受到聯群而上的生命力。

立意新穎

齊白石的畫除了洋溢著田園情趣外，也充滿人生智慧，立意新穎，讓人拍案叫絕，如《他日相呼》，圖中畫兩隻小雞相持不下，爭奪蚯蚓的情態。其精彩之處是作者不寫「今日相爭」，而言「他日相

呼」，好比小孩子、同學和朋友之間的吵鬧，事情過後，又和睦相處，歡歡喜喜。正如俗語所說：「人生沒有永遠的敵人。」人與人的相處應該多一點包容和諒解，這樣自然活得開心。

此外，齊白石擅於以巧妙的構圖，簡潔的筆墨，風趣幽默的畫風諷刺人生，令人莞爾。例如：在《人罵我我罵人》這一作品中，透過精闢的標題和老者傳神的表情，諷刺人們互相指責的言行。雖然畫中的老者造型拙樸，含意卻極深邃，讓人不禁會心一笑。

獨樹一幟

中國不少畫家，如鄭板橋、張大千、徐悲鴻、劉海粟等，他們風格各異，但都享譽中外，讓人讚不絕口。那麼，如何在藝術上獨創一格，成爲傑出的畫家呢？齊白石在談及畫藝時，曾經這樣說：

> 我是學習人家，不是摹倣人家，學的是筆墨精神，不管外形像不像。

他又說道：

> 不要學習人家的短處，更不要把人家的長處體會錯而變成了狂怪，因而就誤入了歧途。

齊白石爲了改進自己的繪畫技巧，曾經向傑出的畫家取法。可是，他並不是盲目地模倣，而是打破陳規，將富有生活氣息的民間藝術情趣融入傳統的中國畫中，形成自己的風格，在畫壇上獨樹一幟。

今天的社會，不少青年人都會崇拜偶像，模倣他們的一言一行，有時可能會過於盲目或沉迷。齊白石學畫的態度多少可以給我們一點啓示：欣賞和學習偶像的長處，同時以他們的缺點警惕自己，揚長避短，不斷改善和進步。

名畫意趣

1. 中國繪畫很注重在畫面上留有空白，那是甚麼原因？
2. 一幅出色的國畫蘊含著哪些元素？

水墨意趣

中國繪畫簡稱「國畫」，可分爲「水墨畫」和「彩墨畫」兩大類別。

水墨畫是以水和墨繪成的畫。以墨色爲主要作畫元素，是國畫的基本特點。國畫家在墨中加入不同分量的水，變化出「乾、濕、濃、淡、焦」等效果，用以代替各種色彩，風格獨特。無論是蒼老的樹皮，還是堅硬的石塊，抑或輕柔的花瓣，通過不同的墨色和用筆的方法，均能準確地表現出來，讓人拍案叫絶。

而所謂「彩墨畫」，就是彩色與墨色並重的繪畫。古代畫家創作彩墨畫時，多先勾勒輪廓，然後敷彩。後來，受到西方繪畫的影響，畫家多以彩和墨混合描繪。

古往今來，國畫家以人物、山水、花鳥、動物等爲素材，結合不同的筆法，爲國畫藝術留下了光彩照人的瑰寶。

空白的聯想

中國繪畫的表現方法有多重特性，其中一點是強調畫中有詩，意在畫外，以詩書畫的綜合表現手法進行創作。如宋代馬遠的《寒江獨釣》，全幅畫只有一葉小舟，一個專心垂釣的漁夫，以及舟下的幾筆波紋，四周環境清冷

馬遠《寒江獨釣》

得很，使人聯想起柳宗元的詩作《江雪》：

千山鳥飛絶，萬徑人踪滅。
孤舟簑笠翁，獨釣寒江雪。

一首詩和一幅畫，兩者本屬於不同的藝術門類，可是，中國畫家卻把它們結合起來，營造「詩中有畫」、「畫中有詩」的意境，閑淡而悠遠。

也許，有人會説《寒江獨釣》的構圖過於單調。然而，那些空白處正好引發人的無限想像力：爲甚麽江上只有漁翁一人呢？爲甚麽天空没有鳥兒呢？漁翁是自得其樂還是孤獨寂寞呢？

中國傳統繪畫很注重在畫面留有空白，這可以説是一種特殊的構圖形式。這些空白處並不是了無一物，它可能是濃重的晨霧，可能是蒼茫的雲海，也可能是流轉的河水，通過觀賞者的聯想，收到更佳的藝術效果。

畫乃心印

爲甚麽《寒江獨釣》被譽爲名畫佳作？除了是因爲出色的構圖和精彩的筆墨外，更重要的是它蘊藏了畫家的情感。國畫重視「形」、「神」兼備，意思是説，畫家在繪畫的時候，除了注重事物的外表特徵外，更要重視表現事物的內涵，以求進一步表現畫家的情感，而《寒江獨釣》正表現出畫家內心的孤寂。

所謂「逸筆草草，不求形似，聊寫胸中之逸氣」，正好説明國畫往往蘊含著畫家的品格情操。譬如説，許多國畫家都喜歡以梅、蘭、菊、竹作爲畫題，因爲這些植物代表了人性的高潔、堅忍、守節、虛心等美德，畫家希望透過畫作寄寓心志，顯現品格。

畫中的一事一物，都是畫家情感的流露。所以，當我們觀賞名家畫作時，就不能單看畫面了。

梅、蘭、菊、竹

石窟繪畫雕塑

1. 你知道「石窟」興建在甚麼地方嗎？
2. 你認爲拯救石窟藝術的最佳方案是甚麼？

世界最大畫廊

所謂石窟，即石窟寺的簡稱，指的是興建在岩石、山崖上的佛教寺院，通常由多個相鄰的洞窟組成，源於印度。敦煌莫高窟（又名千佛洞，位於甘肅敦煌東南的鳴沙山）、雲岡石窟（在山西大同）、龍門石窟（在河南洛陽）和麥積山石窟（在甘肅天水），各具特色，素有「中國四大石窟」之稱。其中，敦煌莫高窟以斑斕奪目、百態千姿的壁畫聞名於世，是「世界現存最大的畫廊」。

敦煌莫高窟

敦煌壁畫以生動的佛經故事吸引了不少人的目光，這些故事的題材非常豐富，表達了不同的主題思想，是莫高窟的藝術精髓。如《九色鹿王本生》採用獨特的長卷式連環畫，帶出不可忘恩負義的道理。

壁畫演繹佛經故事，以精妙的構圖和簡潔的情節引導人們棄惡揚善，皈依佛門。它本是用來烘托石窟內佛像的，卻成爲石窟藝術的一朵奇葩，爲世人讚譽。

東方雕塑館

如果説敦煌石窟是一大壁畫館的話，那麽，麥積山石窟則是一座大雕塑館了。麥積山石窟現存洞窟194個，泥塑和石刻造像有7,000餘座，尤以泥塑藝術見長。這裏的雕像，大的高達15米多，小的僅20多厘米，神情逼真，姿態自然，被譽爲「東方雕塑館」。

麥積山高142米，山勢險峻，難以攀登。可是，古人只是憑著簡單的錘子和繩子，徒手在懸崖上開鑿了不同的洞窟，並雕塑了各種佛像，它們有些距山基二三十米，有些竟達七八十米，令人嘖嘖稱奇。

哭泣的壁畫

中國的石窟藝術，是佛教藝術的瑰寶，也是一個融會社會、風俗、宗教等的雕塑繪畫綜合藝術體系，見證了中華民族宗教人文的發展。可是，隨著文物的開放和旅遊業的發展，這顆耀眼的明珠正遭受厄運，黯然失色。

近年來，據説敦煌壁畫中原本栩栩如生的人物突然由「微笑」的面孔變成了「苦笑」。這是甚麽原因呢？原來，因爲參觀者衆多，遊客呼出的二氧化碳對千餘年的壁畫造成了嚴重的威脅。此外，敦煌石窟也正遭受到積沙、風雨、粉塵的嚴重侵襲。其他的石窟也面臨不同的困境，或是人們在石窟像上任意塗鴉，或是在壁畫上隨手刻畫，甚或盜賣文物，使石窟藝術面臨嚴重的危機。

爲了拯救石窟藝術，中國政府正嘗試推行各種保護措施。可是，這也不可能全面拯救石窟脱離「苦海」，最重要的是依靠大衆的省悟和自律，讓壁畫上一衆仙侶重展歡顔。

麥積山石窟佛像雕塑

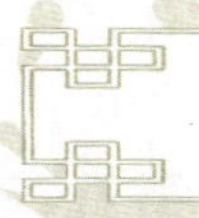

園林建築妙合天然

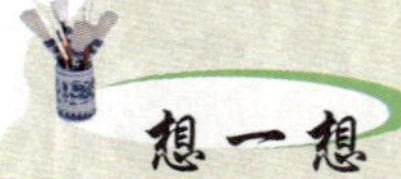

想一想

1. 你能說出我國多少個園林的名稱？
2. 你喜歡皇家園林還是私家園林？爲甚麽？

移天縮地在君懷

中國園林藝術有著非常悠久的歷史。古典造園藝術的顯著特色是妙合天然，追求自然山水的清幽淡雅，以及體現自然與人文的關係，在世界園林建築藝術中獨具一格。

古人說：「山色湖光共一樓。」意思就是把一個大空間的自然景致都收攬在園林內，讓人在一個有限的空間內，感受到無限的自然之美。

中國園林可以分爲皇家園林和私家園林，兩者都十分注重自然景物的佈局。例如清代的皇家園林，規模大，佔地廣，真山真水，奇花異卉，一一俱備，雍容華貴，形成獨特的皇家氣派。承德避暑山莊是清代皇家園林中規模最大的一座，更是集中國古代造園藝術之大成，共有72景，可以分爲湖泊區、平原區和山巒區，薈萃南北風光，堪稱是「移天縮地在君懷」。

雖由人作，宛自天開

皇家園林佔地廣闊，以真山真水鋪設園林。那麽，佔地不多、空間有限的私家園林，如何才可以把自然景致盡收於眼底呢？原來，古代的造園藝術家擅長運用借景、疊山理水、花木配置等手法，孕育出詩情畫

皇家園林——北海公園一角

意的深遠境界，形成「雖由人作，宛自天開」的藝術風格。

所謂「借景」，是指「借」未有之景以「擴」景，擴大園林的空間感。例如無錫寄暢園的建築就採用了借景的手法，造園藝術家運用巧妙的建築設計，從園內探見龍光塔，風景似在園內，實在園外，突破了園林自身空間的局限。

一景一物總關情

中國園林藝術能名揚中外，除了精緻的佈局外，更重要的是融入了造園藝術家的情意，達到情景交融的境界。

我們可以透過園林的名稱、匾額、楹聯等，領略造園者的情感。如蘇州「拙政園」的主人是王獻臣，他進士出身，官至御史，因不滿權奸當道，辭官還鄉，建築此園，園名取自「灌園鬻蔬，此亦拙者之爲政也」之意，側面表達對仕途的洞察，以及對朝廷未能任用賢能的嘲諷。

又如上海的「豫園」是取自「豫悅老親」之意。據說「豫園」的主人素有賢孝之名，花了 18 年時間建造此園，就是爲了取悅年老的雙親。

中國園林的一山一水、一花一木，都是造園藝術家的精心設計，往往寓有深意，可謂「一景一物總關情」。當我們遊覽園林的時候，試試用心感受造園者的情意，當會對園林藝術有更深刻的了解。

蘇州拙政園一角

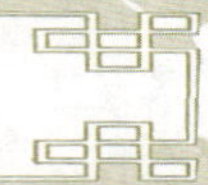

二胡——「中國小提琴」

想一想

1. 爲甚麼中國許多樂器的名稱都有一個「胡」字？
2. 二胡爲甚麼會獲得「中國小提琴」的稱號？

胡琴「家族」各展風采

中國樂器種類繁多，如笛子、琵琶、古箏、胡琴等，各具特色，共同譜出輝煌的中國音樂史。其中，胡琴是一個「大家族」，成員眾多，如二胡、中胡、板胡、革胡、高胡、京胡等。你知道爲甚麼它們的名字都有「胡」字嗎？

原來，古代中原人氏往往概稱北方和西北方少數民族爲「胡族」，因而對由胡族傳入的事物多冠以「胡」字。據説胡琴是源自北方少數民族奚人，宋代文人歐陽修曾經説道：

奚琴本出奚人樂，奚人彈之雙淚落。

胡琴本名「奚琴」，這種樂器彈奏起來，曲調哀怨動人，漸漸流行於中原地區。後來，經過不斷的改良和創新，「奚琴」變化出不同的形體，形成了一個大家族。

其實，只要細心觀察，就可以發現各種胡琴的外形和構造大致相同：

所有的胡琴都有一根直立修長的琴桿，琴桿上端

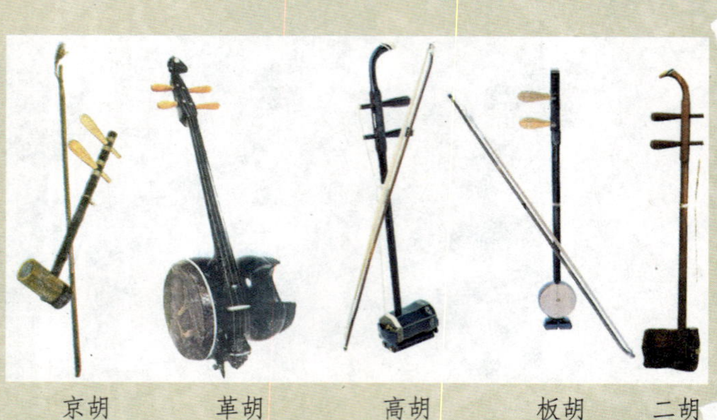

京胡　革胡　高胡　板胡　二胡

裝有弦軸，下端有一個琴筒，上有千斤，繞在琴弦和琴桿上，用綁有馬尾的琴弓拉奏。

在音色方面，各種胡琴具有自己獨特的風格，有的渾厚低沉，有的柔和細膩，有的高亢清亮，在樂團中各展風采，構成富有民族色彩的樂音。

二胡躋身世界樂壇

在胡琴家族中，二胡是最爲人熟悉的成員，又名南胡、嗡子、胡胡等。二胡既能演奏細膩柔美、深沉抒情的樂曲，也能表現熱烈歡樂、激越奔放的感情；既可以獨奏，也適合於伴奏或合奏。

劉天華

說到二胡的革新，不能不提二胡演奏家、作曲家劉天華先生了。他吸收了西方樂器小提琴的某些技法，創作出《空山鳥語》、《光明行》、《良宵》、《病中吟》等二胡獨奏曲，開創一代新風，使一向被視爲「不登大雅之堂」的二胡，踏上世界音樂舞臺，以其濃厚的民族特色，發出耀眼的光芒，被譽爲「中國小提琴」。

《二泉映月》幽怨悠揚

二胡樂曲中，由民間音樂家華彥鈞（又名阿炳）創作和演奏的《二泉映月》，最擅勝場，有人更稱讚說：「這是世界上最美的音樂。」

阿炳自幼因生活坎坷，雙目失明，到處流浪，以賣藝爲生，這首樂曲表現了他飽嘗人間辛酸和痛苦的心境。全曲從一段小小的「引子」開始，以帶有敘述意味的旋律引入「主題」，像是傾訴作者無限悲傷的思緒。而主題的音調作了多番變化演進，從「安靜」到「悲憤」，又由「悲憤」轉入「深思」，表現了一種柔中帶剛、幾許悲涼的感情。後來，人們還把《二泉映月》以不同的演奏形式再現出來，讓它那幽怨悠揚的音調，迴蕩於中國和國際的樂壇上。

國樂風情

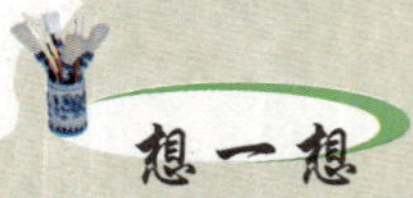

想一想

1.你喜歡流行音樂還是古典音樂?爲甚麼?
2.「弦外之音」指的是甚麼意思?

高山流水

《高山流水》是中國最著名的一個音樂故事:

春秋戰國時期,俞伯牙是一個擅長彈琴的人。他琴藝高絕,常以琴言志,以琴傳情,可惜曲高和寡。

伯牙彈奏《高山流水》

一天,伯牙乘船遊覽山水時,遇上大雨,他只好將船泊在山邊避雨,並撫琴解悶。不久,伯牙感覺到外面有人在聽他彈琴。於是,他出外一看,果然見到頭戴斗笠、身披蓑衣的鍾子期。

伯牙很高興,就爲子期彈奏一曲,其意在「高山」,子期讚歎說:「多麼壯美的音調,就像巍峨的泰山!」伯牙另奏一曲,其意在「流水」,琴音才落,子期讚美道:「多麼美妙的旋律,猶如浩瀚的江河!」伯牙驚喜不已,慶幸自己覓得知音,二人言談甚歡,更相約日後再會。

可是,過了不久,子期不幸病逝,伯牙悲痛欲絕,心想:「世上再沒有人懂得我的音樂了。」說著,就把琴狠狠地朝地上摔去,從此不再彈奏。

民歌處處

中國音樂內容豐富多彩，變化萬千。其中，最具地方風格特色的要算是民歌了。所謂民歌，是人們根據各自的生活感受而隨口編唱的民間歌曲，曲調簡明精練、生動靈活，旋律流暢，充滿鄉土氣息。各地區的山歌，或對歌互答，或一唱眾和，形式多樣，唱詞簡樸直率，生動地展現出一幅幅民情風俗畫。

山歌中，以愛情題材爲最多。如廣西彝族情歌：

芝麻桿桿節節表，唱句山歌表真心；
真心實意兩相愛，白頭到老不離分。

這首歌的唱詞語言淳樸，情意真切。中國優美的民歌多不勝數，如《茉莉花》、《月光光》、《康定情歌》、《鳳陽花鼓》、《青春舞曲》等等，都爲人所「喜聞樂唱」。

弦外之音

在音樂世界裏，人們運用歌詞、拍子、旋律、節奏的變化，譜出不同的音樂，抒發情感。古語云：「凡音之起，由人心生也。」音樂是由內心的變化而產生的，它表現了人的內心世界。

中國人很重視音樂的弦外之音，強調樂聲之外的精神境界。陶淵明說：「但識琴中趣，何勞弦上音？」歐陽修也說：「琴聲雖可狀，琴意誰可聽？」

因此，我們在欣賞音樂的時候，除了要注意旋律之美、曲調之妙，也要留意樂曲的「弦外之音」，感受音樂所抒發的情感。

五綫譜

舞影翩躚

1. 爲甚麽説舞蹈是一種肢體語言？
2. 你喜歡跳舞嗎？爲甚麽？

手舞足蹈

你知道在甚麽情況下，古人才會「手舞足蹈」嗎？讓我們從出土文物的圖案中，尋找箇中原因：

圖一

圖二

圖三

首先，是出於對自然的崇拜——先民的生活無不與大自然有關，自然而然地希望得到大自然的保護。如【圖一】中有兩個動物的外形，這可能是古人對動物的崇拜而產生的歌舞。其次，古人也會利用歌舞祭祖祀神，表達對祖先神明的敬意。根據考古學家的考證，【圖二】是一幅男女共舞圖，描繪的是爲悼念祖先或親人而起舞的場面。此外，古人是依靠農耕和畜牧維持生活的，當他們獲得豐收時，也會用歌舞慶祝，就如【圖三】一樣，人們手拉著手載歌載舞，歌聲繞樑，舞影翩躚。

民族風情

不同民族、不同地域、不同舞姿都具有不同的性格和色調。然而，舞蹈家都有一個共同的目標，就是運用肢體的舞動，表達喜、怒、哀、樂的情感。聞一多先生曾經這樣說：「舞是生命情調最直接、最實質、最強烈、最尖銳、最單純而又最充足的表現。」中國不同的民族，在生產勞作、歲時節令、婚喪喜慶、信仰崇拜等活動中，都會以千變萬化的舞姿助興，增強氣氛。

《獅舞》就是中國民間普遍流行的一種風俗舞，多見於新年或喜慶日子，爲祈福納吉而舞。例如廣東的舞獅有一種表演叫「采青」：民眾豎起一根長竹竿，高懸一個紅封包和一棵青菜，舞獅的人會運用不同的方式，攀上竿頂，讓獅子張開大口，把紅封包和青菜摘下，寓意財運亨通，如意吉祥。

中西合璧

各國的舞蹈各具特色，要在世界舞台上發出耀眼的光芒，談何容易！當代中國舞蹈家吸收了西方的舞蹈藝術養分，創作出別樹一幟的中國芭蕾舞，《紅色娘子軍》可以說是一部成功的大型中國芭蕾舞劇。舞蹈家採用富有民族色彩的故事、服裝、背景等，在芭蕾舞臺上塑造了英姿颯爽的「穿足尖鞋」的中國娘子軍形象，將中西舞蹈藝術融會貫通，成就一闋出色的舞曲。

當代的中國舞蹈家大都具有勇於創新的精神，爲各種傳統舞姿注入不同的元素，編排出新穎的舞蹈，讓觀眾有眼前一亮的感覺。

單

元

二

人文教化

有教無類

想一想

1．孔子以甚麼原則選擇學生？
2．爲甚麼說孔子是我國開創平民教育的第一人？

開創平民教育

孔子講學

在孔子以前，只有官學，但官學收生的條件，主要考慮學生的背景，只有官職在大夫以上的官員子弟才可入學，平民子弟根本沒有機會讀書。這就是把教育對象分類，然後決定只收某類，排斥某類，雖然「有教」，但也「有類」。

春秋末期，孔子突破了「學在官府」的限制，設立私人學校，開門招生，不論貧富貴賤，子弟都可報讀，而且學費也很低廉，據說每人只收10條肉乾。孔子可說是我國開創平民教育的第一人，他不把應受教育的對象分類，平民子弟只要想求學，他都願意教。因爲他相信人人都有善良的本性，只要加以適當的啟發，每個學生都可走上正途。他的一個重要教學原則就是「有教無類」。

兼教不棄

孔子所收的學生，除了南宮敬叔和司馬牛出身於名門外，其餘大多出身貧賤。子路性情粗獷，喜歡逞勇鬥力，頭戴雄雞式的帽子，佩戴著公豬皮裝飾的劍，簡直像個流氓；原憲終身住在空蕩蕩的草屋之中，穿著粗布衣服，連飯都吃不飽，非常窮困；曾參曾做過小官，賺到足以養親的酬勞，就已感到很滿足；顏淵居住在陋巷，每餐一碗飯，一碗水，死後收殮的棺木只有內層的棺，而無外層的椁。孔子並沒有因爲他們的家境不好而嫌棄。

孔子的學生年紀不同，氣質各異。年紀最大的是子路，只小孔子 9 歲。而子張小孔子 48 歲，假設他 18 歲跟從孔子，則那時孔子已是 66 歲的高齡了。孔子沒有年齡歧視，不論老少都願意收爲學生。有些學生擅於從政，孔子便教他們政治知識，如子路、冉有、子貢等。有些學生擅長文學，不喜歡做官，孔子便教他們如何爲人師表，如子游、曾參等。孔子明白每個學生的氣質不同，不必強求一致，他願意教導每一個學生，這就是「有教無類」。

人性本善

孔子有教無類的做法是建基於一個理念，即人的本性都是善良的。人的氣質各有不同，但人的本性卻相同，都是善良的。中國人一直有兩種理解人性的傳統，一種是以人的氣質作爲人性，一種是以人的良心作爲人性。以氣質作爲人性的看法認爲有些人氣質較好，可以教導，有些人氣質較差，不能變好，教也沒用。孔子不這樣理解，他認爲人的本質都是善良的，這是人人一樣的本性，每個人只要被適當地加以啟發和教導，都會成爲好人。所以孔子不會放棄任何一個學生，無論出身怎樣低下，也一樣願意教導他們。

杏壇——相傳爲孔子聚徒講學的地方

因材施教

想一想

1. 爲甚麼孔子對不同學生提出的相同問題没有劃一的答案?
2. 爲甚麼「因材施教」的方法能取得上佳的教學效果?

相同問題，不同答案

以下是一則孔子答學生問的故事：

冉求問孔子説：「聽到應做的事情就要馬上行動嗎？」孔子回答説：「立刻行動。」子路也問孔子説：「聽到應做的事就應該行動嗎？」孔子回答説：「父親兄長還在世，怎麼可以一聽到就馬上行動呢？」學生子華對這件事感到很迷惑，便問孔子：「恕我大膽，請問夫子，爲甚麼同樣的問題而答案卻不一樣呢？」孔子回答説：「冉求做事畏縮多慮，所以我要激勵他；子路做事有過人的膽量，所以我要抑制他。」

以下是又一則孔子答學生問的故事：

司馬牛問孔子甚麼叫「仁」。孔子回答説：「説話要緩慢不多口，才可稱一個人爲仁者。」司馬牛不明白，再問：「説話緩慢就是仁者嗎？」孔子説：「做事已這麼難，説話又怎可以掉以輕心呢？」司馬牛性格急躁，説話多而不謹慎，所以孔子針對他的性格弱點，要他説話慢一點，多思考，小心謹慎，做到這點便是仁者了。孔子教導他不可輕視説話的影響力，説話的影響力並不比一般工作小，必須謹慎從事。

樊遲也向孔子問「仁」。孔子説：「仁者是先要經歷艱難，才能有所獲得，這就是仁了。」這次孔子的回答又不同，因爲他是針對樊遲做事怕困難的缺點而答的，所以以經歷艱難作爲「仁」的解釋。

活的學問，做人的學問

爲甚麽相同的問題，孔子會有不同的答案呢？因爲孔子要教給學生的學問，不是一套死的學問，而是一套活的學問，做人的學問。這套學問在不同的人、不同的環境、不同的情況下也會有不同的內容，所以孔子教導學生時，靈活針對各人的特點，作出不同的教導。這樣的教導方法就是「因材施教」了，孔子爲千百年來的人師做了一個很好的示範。

目標統一，方法靈活

在我國教育史上，孔子是第一個主張「因材施教」的教育家。他承認學生個性的差異和程度的高低，主張在統一的培養目標之下，應注意因材施教：「中人以上，可以語上也；中人以下，不可以語上也。」意思是說，對於中等以上水平的人，可以跟他講高深的學問；對中等以下水平的人，則不可以講高深的內容。平時，孔子非常注意觀察，了解每個學生的愛好、個性和程度，熟記在心。在教學中，他一方面根據學生程度的高低和接受能力的大小，進行不同的指導；另一方面，孔子還經常針對學生的不同缺點，對症下藥地進行教育。這樣，便能發揮每個學生的特長，取得最佳的教學效果。

孔子回答學生提問的情景

不恥下問

1.「三人行，必有我師」是甚麼意思？
2.甚麼是「終身學習」？試說說你的理解。

孔圉為甚麼諡號「文」

《論語・公冶長》裏有這樣一則故事：

春秋時代，衛國大夫孔圉虛心好學，很有學問。孔圉死後，衛國國君便賜給他一個諡號叫「文」。當時孔子的學生子貢，不知道這個諡號的由來，便去問孔子：「孔圉的諡號爲甚麼叫做『文』呢？」孔子笑了笑才回答他說：「敏而好學，不恥下問，是以謂之『文』也。」意思是，他聰明好學，不認爲向地位比自己低、學識不如自己的人請教是一種羞恥的事，所以給他的諡號叫「文」。

後來人們便引「不恥下問」來表示謙虛好學，誠懇向別人請教。

知之爲知之，不知爲不知

孔子是偉大的教育家，他爲人師表，教導別人當然没有問題，但他自己的學習態度又是怎樣的呢？讓我們看看下面的事例。

孔子說：「有些人天生就甚麼都懂，是上等人；有些人透過學習然後知道，是次等人；有些人遇見困難才學習，又次一等；有些人遇見困難也不學習，是最下等的了。」孔子又說：「我不是天生就甚麼都懂的人，而是愛好前人的文化，勤奮敏捷去求知識的人。」

孔子的先世是管禮儀的官，所以孔子自小就學習禮儀，以通曉禮儀聞名於世。但孔子到了周公廟，還事事都向人請教，以一個通禮專家而問禮，因而遭到旁人的譏笑：「誰說叔梁紇的兒子懂得禮，他入到太廟還是要每事必問。」孔子答：「不懂得就要問，這正是禮。」

孔子向老子問禮

孔子曾對子路説：「子路，我告訴你甚麼叫『知』吧！知道就是知道，不知道就是不知道，這就是『知』。」孔子好像沒有講甚麼，只是重語複句，其實他想説人的學問是有限的，總有不知道的知識，承認自己的無知才是真正的知道。雖然聰明如孔子，懂禮如孔子，也還是要問。據説孔子曾經向老子問禮，至今傳爲佳話。

三人行，必有我師

孔子還説：「三個人走在一起，其中必定有我的學習對象：我選取那些優點來學習，看到那些缺點就改正。」這句話表明，在所交往的人之中，總有自己正面學習的榜樣，也有反面教材。

衛靈公問孔子的學生子貢：「仲尼先生的知識是從何處學習來的？」子貢答：「爲甚麼一定要有師承呢？哪裏都可以學習，沒有固定的老師。」

我們現在説「終身學習」，用孔子的話就是「發憤忘食，樂以忘憂，不知老之將至」，也就是「活到老，學到老」。

不論哪個時代，孔子這種精神都值得我們學習。這種精神就叫「不恥下問」。

書院講學風氣

想一想

1. 著名的東林書院爲甚麽會被毁掉?
2. 你認爲作爲一個學生，是只顧讀書呢，還是也要關心國家大事?

講學東林，大義凜然

風聲雨聲讀書聲聲聲入耳
家事國事天下事事事關心

東林書院依庸堂中的對聯

這副對聯直接抒寫了讀書人關心國家大事的胸襟，數百年來一直激勵著志士仁人奮鬥不息。這是明代顧憲成爲江蘇無錫東林書院的題聯。顧憲成於明末復修東林書院，雖然書院只存在了短短21年，卻曾轟動一時，在當時社會激起了巨大反響。

東林書院原爲北宋理學家楊時(龜山先生)所創建；顧憲成、高攀龍等8位學者在這個先賢遺址修復東林書院，聚衆講學，被稱爲「東林八君子」。他們不尚空談，關心國事，議論朝政，指陳時弊，批評當時專權的太監魏忠賢，公開上疏揭露魏忠賢的罪行。魏忠賢於是下令拆除東林書院，還公佈了309人的《東林黨人榜》，對東林黨人趕盡殺絶，高攀龍等人或被下獄拷打致死，或被迫自盡。但東林書院所代表的一股正氣，不屈於惡勢力的節操，卻成爲後世讀書人的精神財富。

六大書院，備受稱譽

東林書院

東林書院繼承了宋代書院講學的優良教育傳統。北宋有所謂四大書院，即白鹿洞書院、嶽麓書院、應天書院、嵩陽書院，再加上南宋的石鼓書院和茅山書院，合稱宋代六大書院，十分著名，備受稱譽。這些書院多數是私立的，院長稱爲山長或洞主，大多是當時的著名學者。他們負責選定教材，制訂院規和講學。學生不單學習經學和技藝，還學習做人的道理，院長、講師言教而兼身教，強調修身養性，躬行實踐，弘揚儒家精神。

明大義、重氣節

古代的太學是官學，由朝廷興辦，目的是爲朝廷培養人才，而學生也多以求取功名爲目標。私人書院講學，則以明大義、重氣節相標榜，而不以功名利祿爲追求的目標。書院的師生往往對朝政多所批評，對權奸加以指責，於是書院的言論對當權者形成一股輿論壓力，在社會上有一定的影響。這是知識分子的責任，也是知識分子的骨氣。

作爲今天的學生，我們有沒有繼承中國傳統知識分子這股正氣、這種精神呢？我們有沒有關心政事，關心社會，關心國家呢？現代人的讀書風氣是追求實用。讀書一定要有用，但怎樣才算有用呢？我們常常以爲讀書爲的就是找到一份稱心的工作，有一個美好的前程，就好像以前有些讀書人讀書就只是想做官，想得到功名利祿一樣。但這真的是一個讀書人唯一的目標嗎？讓我們反思一下東林書院那副對聯，看看傳統知識分子那種氣節，那種精神，是不是應該由我們來繼承？

第一所現代化高等學府

想一想

1.你知道北京大學的前身叫甚麼名稱嗎？
2.「北大精神」是甚麼？

京師大學堂——「百日維新」獨倖存

你知道圖中的人物是誰嗎？他就是五四時期的北京大學校長蔡元培先生。蔡元培任北大校長時所提倡的辦學主張，不但影響了北大，還影響了近百年來整個中國學術思想界的發展。要知道傳統的北大精神，這就要由京師大學堂説起了。

蔡元培

清末光緒年間，康有爲、梁啟超等有識之士，發起維新運動(1895－1898年)。康、梁二人認爲培養人才是當前急務，以前的學校已不能適應時代需要，培養不出真正有用的人才。他們明白西方國家富強，不只是因爲船堅炮利，還因爲他們廣設學校培育人才。在1898年戊戌變法的高潮中，他們提出設立具現代化意義的大學——京師大學堂，這就是北京大學的前身。慈禧太后發動戊戌政變，扼殺「百日維新」(1898年6月11日至9月21日)，新政幾乎全部被廢，唯獨大學堂卻僥倖得以保留。

京師大學堂模倣西方大學章程，宗旨是「中學爲體，西學爲用」。分科設教，希望培養出新時代的人才。到1912年，即辛亥革命成功的第二年，京師大學堂正式改名爲北京大學。在民國初年的新文化運動期間，北大成爲整個運動的核心，在歷史上寫下輝煌的一頁。

「北大精神」——光照近現代史

北京大學

1917年，蔡元培被委任爲校長，以「兼容並包、思想自由」爲辦學方針。在這個方針之下，北大出現了百家爭鳴的局面，成爲中西、新舊學派匯流的學術重鎮。當時的北大，人才輩出，幾乎盡攬一時的學術文化精英：陳獨秀、李大釗、胡適、魯迅、錢玄同、劉半農、辜鴻銘、馬寅初、馮友蘭、傅斯年、羅家倫等，都是學術界的知名人物。五四新文化運動便是以北大爲中心而展開的。

北大師生繼承和發揚了傳統中國讀書人熱愛國家、關心社會的高尚精神。民國初年新文化運動興起，北大師生便積極參與。首先，在上海創辦《青年雜誌》的陳獨秀，應蔡元培的邀請，出任北大文科學長；《青年雜誌》編輯部移到北京，並改名《新青年》，聯同當時北大教授李大釗、魯迅和胡適等人，提出了反對專制和迷信、確立「德先生」（民主）和「賽先生」（科學）的運動方向，對現代中國政治社會的影響非常巨大。1919年，北大學生傅斯年、羅家倫等人所發起的五四愛國示威大遊行，以「外爭國權，內除國賊」爲口號，亦開啟了近現代中國青年學生關心國事，走上街頭，向政治權威挑戰的先河。

光前裕後 —— 開拓學術新境界

由京師大學堂的誕生到現在，已經過了一百多年。蔡元培先生倡導的「兼容並包、思想自由」的辦學方針，以及他開創的學術研究和學派爭鳴的革新風氣，仍然是我們嚮往的精神，民主和科學仍然是我們要繼續追求的目標，關心國事仍然是知識分子的責任。我們這一代的青少年學生應該將「北大精神」發揚光大，繼續爲中國學術文化思想開拓新的境界。

察舉賢能

1.「陳雷膠漆」是甚麼意思？
2.你認爲任用人才時德行和能力哪方面更重要？

陳雷之交

相互禮讓

東漢的陳重，自小與同郡的雷義是朋友，他們一起學習詩書，一起成長。當時任官的制度是由地方官員把有德行的人舉薦給中央，叫做察舉。由西漢武帝起，每年要地方官員向朝廷舉薦孝子、廉吏各一人，先任郎①，再授以官職。東漢時，就合孝、廉②爲一項。郡太守張雲知陳重賢德，便舉陳重爲孝廉，但陳重要讓給雷義，前後上書推辭十多次，張雲不聽，舉陳重爲官。第二年，雷義也被推舉爲孝廉，兩人同在郎署實習，都被任命爲尚書郎。後來雷義代同僚受罪，被罷黜，陳重也稱病辭職回鄉。回到家鄉後，雷義又被舉爲茂才。當時，察舉制是每年州舉茂才③，郡舉孝廉。

①郎：帝王侍從官的通稱。始設於戰國，秦漢時沿置。當時，郎官的職責爲護衛陪從，預備顧問，可量其才能補授其他官職。
②孝廉：即孝子、廉吏的合稱。孝，指善於侍奉父母者；廉，指清廉有德望者。
③茂才：即才識優秀者。原稱「秀才」，東漢時因避光武帝劉秀名諱，故改稱「茂才」。

但這次輪到他堅決要讓給陳重，州刺史不聽，雷義就裝瘋，披頭散髮地逃走，不回應刺史的推薦。鄉里因此有諺語盛讚兩人：「膠漆自謂堅，不如雷與陳。」後來就用「陳雷膠漆」來形容友誼真摯，交情牢固。

鄉舉里選

由以上舉的例子可見，漢代的選任官員制度和今天很不相同。原來漢高祖因爲感到缺乏人才，於是下詔求賢。漢文帝時，下詔要求舉薦賢良方正及能言極諫的人，並親自策試。到漢武帝時，接受董仲舒的提議，正式全面推行察舉制。漢代施行察舉制度，使得平民百姓也有做官的機會，打破了漢初中央及地方各級官吏由功臣及其後裔壟斷的局面，有劃時代的意義。但更重要的是，選擇人才時，以德行及才學爲標準，選出大批賢良人才做官，改變了以往只憑軍功及家世爲標準的做法，重視一個人的德行，對改良一個時代的風氣有很大作用。察舉制以「鄉舉里選」爲依歸，促使讀書人更重視品格，形成漢代敦厚儒雅的士風。

不過，由於察舉制是一種推薦方式，必需由地方官吏負責推舉，但推薦的標準並不明確，容易產生流弊。當時郡太守往往藉此舉薦親屬，舞弊叢生，以致出現了「舉秀才，不知書；察孝廉，父別居」的現象，因而被後來的九品中正制所取代。

重德精神

其實，任何一種制度本身都難免有缺陷，而在實施過程中，如果執行再有偏差，其缺陷就會進一步暴露，出現弊病。察舉制推行後期，固然產生了很大流弊，但察舉制的優點還是值得重視的，那就是重視德行的精神。

在現代，不少僱主在選擇人才時，以辦事能力和領導才能作爲主要標準，對於品德和作風並不太注重。你認爲以人的德行作爲選擇人才的標準，是不是已經不合時宜？一個人如果有才無德，你認爲可取嗎？

九品中正制

想一想

1. 九品中正制的「九品」是指哪九品？
2. 你認爲品評人物時應該根據甚麽標准？

月旦人物

三國時，諸葛瑾與胞弟諸葛亮、堂弟諸葛誕都有聲望，他們分別在蜀、吳、魏任職。當時的人都認爲蜀國得到了諸葛氏家族的一條龍，吳國得到了一頭虎，魏國則不過得到了一隻狗而已。諸葛亮在蜀國，舉足輕重，名聲最大；諸葛瑾在吳國，吳國的人都佩服他有寬大的胸懷；諸葛誕在魏國，則無大建樹，較爲沉寂。

這是《世説新語》記載有關品評諸葛三兄弟的故事。九品中正制就是由這種品評人物的風氣逐漸形成的。文章把諸葛三兄弟品評爲龍、虎、狗，可見魏晉時喜歡品評人物的風氣，對知名人物加以比較，然後按才能評級。這種風氣其實來自漢末的知識分子，他們每月聚會，批評當政人物，稱爲「月旦」①。後來風氣漸盛，成爲一股品評人物的潮流，而且品評的標準漸漸由人物的德行轉變爲人物的能力。

人才分三等九品

漢代選拔人才的方式主要是察舉制。及至東漢末年，除了察舉制本身産生流弊外，加上時勢混亂，士人流徙不定，鄉舉里選的辦法實在無從施行。當時，曹操主張用人唯才，他選才不再以德行爲

①月旦：本義是月朔，即每月初一；品評人物稱「月旦」，用的是轉化義。《後漢書・許劭傳》載：許劭與他的堂兄許靖皆有名望，喜歡品評鄉里人物；而每月都改變一次對該人物的品題，當地俗稱爲「月旦評」。

標準，而以才能爲標準，把人才分爲九品，隨品錄用；但他卻還沒有建立一套完整的選士制度。到了曹丕當皇帝時，依照吏部尚書陳群的建議，實行九品官人之法，亦即「九品中正制」。

九品中正制就是在每州設大中正官，每郡設小中正官。中正官負責爲當地人才評定等第高下，分爲上、中、下三等九品，呈報中央，供政府選拔官吏時參考。三等九品是：

等級	品第		
上	上上	上中	上下
中	中上	中中	中下
下	下上	下中	下下

上品無寒門，下品無世族

中國的選士制度發展到九品中正制，代表了文化精神方向的一大轉變。由先秦到兩漢，中國人都是以道德人格爲最重要的價值，非常重視人的道德品行，就算是選拔人才做官，也是以道德人格爲標準。但到了魏晉南北朝時期，儒家精神受到質疑，相對地說，道德人格比較不受重視，實幹的才能才是重要的標準。君主要求的人才，要具有在亂世輔助他鞏固權位的能力，而不是道德人格。

這種制度原本是以人的才能爲評定標準的，最初並沒有把人的家世背景列爲選拔的條件，有利於國家選賢任能；但後來因爲中正官多爲士族出身，於是評定人才等級品第的時候多有偏頗，「雌黄出其唇吻，朱紫由其月旦」①，以致出現了「上品無寒門，下品無世族」的流弊。到隋文帝時就將這個制度廢除了，取而代之的便是科舉考試制度。

①語出南朝劉峻《廣絶交論》。

科舉取士

想一想

1. 你知道甚麼叫「三元及第」嗎?
2. 科舉制和「士人政府」有甚麼關係?

朝爲田舍郎，暮登天子堂

據說唐代有一個少年，名叫王播，自小便是孤兒，家境貧困，曾客居在揚州惠昭寺木蘭院讀書，每天僧人打鐘吃飯，他便跟著一起吃。時間一長，僧人也討厭他，於是提早吃飯，到王播聽到鐘聲來吃時，大家都已吃完了。後來王播科舉及第，做了高官，出鎮揚州，重訪舊地，看到舊日自己題在壁上的詩都已用碧紗罩護起來，一時感慨，就又題了一首詩:「上堂已了各西東，慚愧闍黎(即僧人)飯後鐘。二十年來塵撲面，如今始得碧紗籠。」

朝爲田舍郎　　暮登天子堂

科舉制度的確立，就是爲了打破魏晉以來九品中正制下高門大族壟斷仕途的風氣，使平民百姓可以「學而優則仕」。所謂「朝爲田舍郎，暮登天子堂」，朝廷可以把平民百姓中有才能的人吸納進來。

「士人政府」大爲發展

科舉取士是我國隋唐以來直至清朝末年選拔官吏的主要途徑，對於每一朝代的士風起著根本性的影響。這種制度採用分科考試的形式，應試者不論身世背景，富貴貧賤，一律有資格參加，而以文章才學決定其中式與否。結果，廣開入仕之途，讀書人做官的機會大大增加。

隋朝建立後，隋文帝廢除了九品中正制，在地方設立州、縣學，詔令原有的秀才、明經兩科，可由州縣學校的生徒到京師考試，擇優錄用，也可由諸州把人才舉送中央，考錄授官。煬帝時又增設進士科，以詞賦文采取士，科舉制度由是產生。到了唐代，科舉制正式確立，每年秋後進行一次考試，科目很多，而以進士科最受重視。

宋代是科舉發展趨向成熟的時代，政府官員大都是科舉出身。其中對兩宋士風有一定影響而見諸經傳的，就有數百人，單就宋仁宗在位前後數十年間，出類拔萃的人物就有近百人，其中較著名的如政治改革家兼文學家范仲淹、王安石，文壇領袖歐陽修，古文大家蘇軾，史學家司馬光，科學家兼文學家沈括等。史家稱之爲「文星燦爛」，實非過譽。漢武帝時期開始建立的「士人政府」，至此發展至極致。

考試程序嚴謹，科舉學校合流

明代的科舉制度，在唐宋的基礎上，臻於完美；而清代的科舉，大致因襲明制。明清科舉考試的最顯著特色，是考試程序極爲嚴謹，考生必須經過四級遞考：

一、童試——各府、縣的童生，由縣、府、各省學政進行甄選考試，合格者稱生員，俗稱秀才，可參加鄉試。

二、鄉試——在各省省城舉行，由朝廷派員或各省長官主考；考中者稱舉人，第一名稱解元，可參加會試。

三、會試——在京師舉行，由禮部主持，中式者稱貢士，第一名稱會元，可參加殿試。

四、殿試——在殿廷舉行，由皇帝親自主持，評定等第，分三甲取錄：一甲三名，依次稱狀元、榜眼、探花；二、三甲稱進士，名額根據需要而定。

各級考試，層層遞進，互相關聯，程式固定。而四級遞考中的「童試」，完全與府、縣學校的入學試、甄選試合而爲一。學校育才以應科舉，科舉取士源自學校。此等「學校—科舉」的育才選才模式，在當時是世界上最爲先進的。

單元三

語言文字

一、方言與共同語並存分用

二、官話、國語與普通話因時更化

三、白話取代文言

四、外來詞和文言詞兼容

五、方塊漢字源遠流長

六、漢字結構方式靈活

七、漢字形體由繁而簡

八、漢字表意耐人尋思

方言與共同語並存分用

1. 粵語可以作爲漢民族的共同語嗎?爲甚麼?
2. 如果讓你選擇一種全國通用的語言,你會選哪一種?

方言妨礙溝通

中國幅員廣闊,各地區有自己的方言土話,不同地區的人,相互之間不一定都能聽懂,甚至完全聽不懂。

據說有位香港人在上海一家髮廊理髮,理髮師給他剪了髮,接著對他說「打打頭」。他不明白,心想:怎麼了?我的頭可以讓你隨便打嗎?便問:「爲甚麼要打我的頭?」理髮師說:「理髮都要打頭的。」往下没法再談了,理髮師好心好意要給這位先生打頭,而這位先生死活不讓打。如果話語能通就好了。原來上海話「打頭」即「洗頭」,用不著害怕頭給人家「打」了。

另有幾位香港人到成都自由行,住在錦江飯店。他們出去遊覽

語言不同,容易造成交流障礙

了一天，回來時忘了錦江飯店在哪個方向哪條街。問誰誰都不懂他們說甚麼。普通話是說「Jinjiang」飯店，香港人說成「Gangang」飯店，無怪乎當地人聽不懂。後來，他們終於用寫字的方法，找出租車回到錦江飯店。幸好雙方都認得漢字，才解決了問題。

共同語有基礎

怎樣才能做到各方言區的人話語相通呢？上海人都學習廣東話，廣東人都學習上海話，行不行?很明顯，不可能以學習方言來解決話語交際問題，只能讓各地人共同學習全國通行最廣的話語作爲交際工具；而這種通行最廣的話語事實上已經長期存在於中國社會生活中了，那就是普通話。

中國使用普通話的人口約佔總人口的70%，地域則佔全國總面積約25%。在這個範圍內無論男女老幼，不管有文化没文化，一概講北方方言。這麼廣闊的地區包括東北三省、河北、河南、山東、山西、安徽，而西南方向有四川、雲南、貴州，西北方向則有陝西、甘肅以及內蒙古等。

方言不會消失

試想想：假如不同方言區的人見了面，都要靠寫字才能明白對方意思，豈不費時失事？試想想：語言作爲溝通的工具，如果各地區都用自己的方言土話，國家在推行各項政策和措施時會受到甚麼影響？

目前，全國使用普通話的規定，已正式列入國家語言文字法律條文之內。公務員的任命、教師資格的審定、各服務行業人員的錄用等，都要求達到普通話水平測試的一定等級。可見普通話在一般正式場合，正被廣泛使用；至於家庭、朋友間的交際和方言文學藝術等範疇，方言的地位仍然是難以取代的。

方言和共同語實際上並非彼此「水火不容」的。共同語是語言發展到一定階段的產物，方言則是一定區域內人們交際的工具，只不過它的使用範圍遠不及共同語。隨著共同語的普遍通用，方言的使用範圍可能會逐漸縮小，但卻不會完全消失。

官話、國語與普通話因時更化

1. 官話的「官」有甚麼特別意思?
2. 你認爲「國語」和「普通話」哪一個名稱比較好?

從「官話」到「國語」

我國早已有「官話」這個名詞。這個名詞是怎麼來的呢？它可能跟官員有關。這不是望文生義，而是有歷史依據的。自元朝以來，北京一直是我國的政治、經濟及文化中心，京城的官員使用的是以北京話爲基礎的北方方言。各地來往的商旅，入境隨俗，也自然而然使用北方方言；不然生意怎麼做，交道怎麼打？從京城派往全國各地的官員不會講當地的方言，他們辦理公務，與當地人交際往來，都得用從京城學來的北方話。行政的力量使得當地人要跟官員交涉，都得使用北方話，或找人把當地話轉成北方話。

南方方言區的知識分子考上舉人、進士，也要會講北方話，因為他可能被派往京城或全國各地去當官。清代針對廣東、福建兩省的學子，特別設立「正音書院」，教學官話；而且規定舉人、貢生、監生、生員、童生不諳官話者不准送試。然而，各方言區的人學說北方話，當然會夾雜著南腔北調，這種官話被嘲笑爲「藍青官話」；但是「藍青官話」只要能起到交際作用，也比一點不會講北方話強。

辛亥革命後，民國政府把北方話定爲「國語」，當年曾大力推廣「國語」，及於民間，尤其是學校教育。

「國語」改稱「普通話」

然而，我國是多民族國家，有56個民族，其中漢族人數雖然最多，但蒙古族、回族、滿族、藏族等各族人數也不少，把漢族通用的北方話稱爲國語，會給兄弟民族以大漢族主義的感受。因此，中華人民共和國建立後，「國語」改稱爲「普通話」，並明確規定以北京語音爲標準音，以北方話爲基礎方言，以典範的現代白話文著作爲語法規範。普通話是現代漢民族的共同語。不過，國語這個名稱，目前在台灣地區仍然使用。

推廣普通話

半個多世紀以來，隨著內地教育的日漸普及，輔以行政的措施，普通話得到大力的推廣，且卓有成效。

香港九七回歸前，社會上普遍使用廣州話，公務以及特殊社交場合使用英語。回歸以來，隨著中國加入世界貿易組織協定和內地与香港更緊密的經貿合作協議的簽訂，面對13億人口的龐大市場和無限商機，香港與內地的關係更加密切。往後將不斷有大量內地遊客來港旅遊購物，香港的服務業人員如果不懂普通話，在經營業務上必定會有困難。北上求學的學生和北上發展的商人與日俱增，不懂普通話行嗎？

時下的香港，學習普通話的熱潮可謂方興未艾，而中小學亦早已開設普通話課。學好普通話，是大家的切身需要；大家應好好裝備自己，迎接未來的機遇和挑戰。

學好普通話

白話取代文言

想一想

1.「我手寫我口」的真正含義是甚麼？
2.你知道「八不主義」是誰提出的嗎？

時代潮流

胡適

民國初年，即1910至1920年，先進的知識分子，以陳獨秀、胡適爲代表，在思想文化領域開展了一場新文化運動。其間，提倡新文學，主張用白話代替文言寫作，爲新文化運動的重要一環。據說胡適在北京大學任教時，常常盛讚白話文的優點。有一次，當胡適正在對白話文大加稱讚時，有一位學生突然站起來，問道:「胡教授，難道白話文就没有缺點嗎?」胡適肯定地回答說:「没有。」那位學生卻說:「不，白話文廢話太多，打電報用字多，花錢多。」胡適回答說:「我不認同。不久前，有位朋友邀請我去政府部門工作。後來，我決定不去，就回電拒絕了。那麽，同學們根據我這個意思，用文言文寫一個回電，看看用白話文省字還是文言文省字，好嗎？」同學們聽了，就開始動筆。

不一會兒，同學們都寫好了。胡適就挑了一份用文言寫成的電報，内容是這樣的:「才疏學淺，恐難勝任，不堪從命。」意思是説學問不深，恐怕不能勝任這份工作。胡適說:「很好，只用了十二個字。可是，我用白話寫成的電報卻只有五個字，那就是『幹不了，謝謝!』」

胡適解釋說:「『幹不了』就是才疏學淺、恐難勝任的意思；『謝謝』兩個字，一方面感謝朋友的介紹，一方面又有婉拒的意思。其實，同學們，廢話多不多，並不是看它是文言文還是白話文，最重要的是注意用詞，詞能達意。」

爲甚麼胡適會如此推崇白話文呢?他曾經這樣說:

時代變得太快了，新的事物太多了，新的知識太複雜了，新的思想太廣博了，那種簡單的古文體，無論怎樣變化，終不能應付這個時代的要求。

胡適主張「我手寫我口」，用接近口語的當代語言寫文章，不應模倣古人寫文言文。

言文一致

新文化運動期間，即1917年，胡適與陳獨秀先後在《新青年》雜誌發表文章，提出文學改良的建議，主張「言文一致」：在形式方面，不用文言，採用白話；在內容方面，反映現實社會人生，表現當代人的思想感情。胡適明確地提出「八不主義」：

1.不做言之無物的文字	2.不模倣古人
3.不做不合文法的文字	4.不作無病之呻吟
5.不用套語濫調	6.不用典故
7.不講對仗	8.不避俗字俗語

胡適與陳獨秀的主張，很快就得到其他學者的響應，如魯迅、俞平伯、周作人、朱自清、郭沫若等。結果，用白話文寫作的各種體裁的新文學作品，包括詩歌、散文、小說、戲劇，如雨後春筍，不斷湧現。

保存國粹

白話文起初只用於通俗的文學作品，如章回小說等。後來，在胡適和陳獨秀等人的提倡下，白話文才漸漸在社會上得到普遍應用。今天，白話文已經成爲主要的書面語言。

因爲文言文用詞古雅，又多使用典故和對仗，這對現代人的閱讀往往造成一定程度的障礙；可是，我們絕不能忽視文言文的價值。中國古代的經史典籍，以及許多傑出的文學作品，如《詩經》、《楚辭》、《史記》、唐宋詩詞等，都是以文言寫成的，因此，今天我們雖不再提倡用文言寫詩作文，但還是要具備閱讀文言文的能力。這樣才能夠更好地繼承中華文化遺產，保存國粹，弘揚中華文化。

外來詞和文言詞兼容

想一想

1.「賽因斯」是哪一個漢語名詞的外來詞譯音?

2.我們生活在現代,爲甚麼有時還要使用文言詞?

吸收外來詞

你知道甚麼是外來詞嗎?請先看一看下面的詞語:

電話——德律風
擴音器——麥克風
民主——德謨克拉西(德先生)
科學——賽因斯(賽先生)

從外國或外來文化吸收進來的詞語,叫「外來詞」,也叫「借詞」。香港人對外來詞並不陌生,街上的「士多」,親友間的「派對」,社團舉辦的「嘉年華」,水果攤上的「車厘子」等,都是外來詞。把外來詞稍加分類,大致可分成音譯、意譯和音譯兼意譯三大類型:

一、音譯:這是最常見最大量的外來詞,所譯的外語詞多屬本國原先沒有的事物。音譯並非語音照搬,而是要根據漢語的語音、語法、詞彙特點加以改造。如白蘭地(brandy)、模特兒(model)等。翻譯外國的人名、地名主要靠音譯。香港人在處理外國人名翻譯時似乎標準不一,翻譯一般外國人的名字較隨便,而爲歷任港督取譯名時卻很注意「漢化」,如楊慕琦、葛量洪、戴麟趾、衛奕信、彭定康等。

二、意譯:這一類外來詞,跟音譯不同,脫離了讀音的關係,而是根據詞語的意義把它翻譯過來,另造一個漢語詞彙表達,如電話、擴音器便屬於意譯的外來詞。

三、音譯兼意譯:這一類外來詞較少見,因爲「音」和「義」很難兼顧;但是出色的翻譯家也能辦到,例如鐳射、引擎、繃帶、浪漫、幽默、俱樂部、維他命、烏托邦等等。音義兼顧對引入外來詞起了很大的助力。

沿用文言詞

說起文言詞，大家可能覺得神秘古奧，高深莫測，如果把文言詞理解成《康熙字典》中的冷僻字，例如「奭」、「黻」、「娵」等，那可真夠深奧，難學難懂了。我們說的文言詞不是指這些冷僻的、在現代生活中已不用的詞語，而是能被吸收到共同語中的有表現力的古漢語詞彙，例如我們常說的「在此之前」，其中的「之」字就是古漢語的虛詞。古漢語的虛詞有幾百個，其中的一部分現代還沿用著，例如「是」、「然」、「而」、「以」、「乃」、「何」等等。

不少成語也保存著文言詞，例如「一息尚存」的「息」（指呼吸），「爾虞我詐」的「爾」「虞」，「固若金湯」的「若」、「金」（指金屬）、「湯」（指開水或很熱的水），再如「沆瀣一氣」的「沆瀣」（指夜間的水氣、露水），「觥籌交錯」的「觥」「籌」「錯」等都是文言詞，我們今天用這些成語時，也自然而然地就用上了其中的文言詞。

事實上，許多文言詞已成爲現代漢語中常用的詞彙，因而我們不覺得那是文言詞。使用文言詞不是爲了堆砌辭藻，因此要注意不可弄成文白夾雜的文風。

隨著時代的進步，漢語文也在不斷地變化，既保留了部分古漢語的特色，也在不斷吸收外來語，造出新詞，以適應時代的需求。這正體現了漢語兼容性強的鮮明特色。

方塊漢字源遠流長

想一想

1. 你知道漢字是誰發明的嗎?
2. 漢字有多少種字體?你最喜歡哪一種?

甲骨文之發現

迄今爲止，已發現並能被解讀的最古老漢字是甲骨文。發現甲骨文是19世紀末的事。在1899年以前，不論一般人或文字學家，都不知道中國歷史上有過甲骨文。

説起甲骨文的發現，還有一段故事呢。話説有一味中藥叫做「龍骨」，是遠古時代脊椎動物的骨骼和牙齒的化石，中藥店以低價論斤收購。清末河南省安陽縣小屯村農民在耕種時，挖出一堆又一堆上面刻著字的龜甲與獸骨的化石，把它當作「龍骨」賣給中藥店。在一個偶然的機會，當時著名的金石學家王懿榮見到了這樣的「龍骨」，憑著他深湛的文字素養，判定在龜甲獸骨上的字是古代漢字，於是以每片二兩銀子的高價收購。這種文字刻在龜甲獸骨上，所以稱爲甲骨文。甲骨文出土的安陽小屯村是商王朝自盤庚到紂王的國都殷的遺址，怪不得那裏發掘出大量的甲骨文。

倉頡造字傳奇

甲骨文是有完整系統的古漢字，它的發現引起了世界各國的重視。專家認爲，在甲骨文之前應該有更古老的漢字。傳説中華民族始祖黄帝的史官倉頡創造了漢字。古書上記載，倉頡天生四隻眼睛，能窺測天地間奥秘。倉頡所造的字是甚麽樣子，誰也不知道；但從這一傳説中可以推測，在甲骨文之前應該有更古老的漢字。漢字的出現，必然大大推動漢民族文化的發展，因此古人傳説：倉頡造字時老天爺撒下大量穀物表示祝賀，而敵視人類的鬼魅則哀戚地躲在陰暗的角落裏哭泣。

當然，一個人創造出大批文字給全社會使用，是不可思議的事——漢字絶不是倉頡閉門造車一手創造的。文字是在社會交際中由千千萬萬人創造並使用的；個人只能在文字出現之後，加以收集、歸納和整理。如果我國歷史上真有倉頡其人，他的功勞大概只會是整理漢字而非創造漢字。

楷書成爲「法帖」

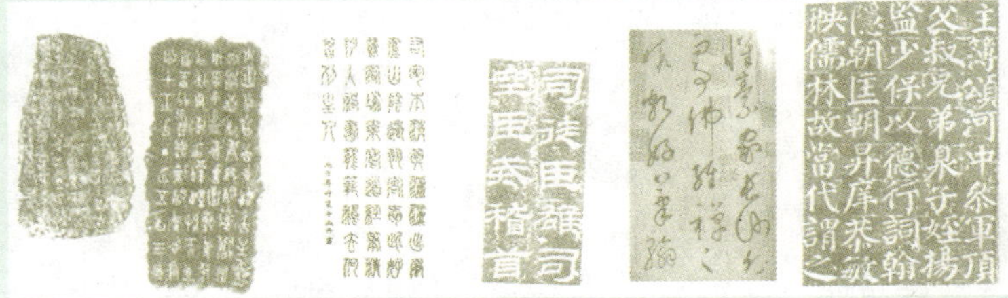

甲骨文　金文　篆書　隸書　草書　楷書

從甲骨文發展到今天的漢字，中間經歷金文、篆書、隸書、草書、楷書等階段，源遠流長。試看以上各圖文，它們在形體上有甚麼不同？

上面的例字表明，篆書以前的漢字，象形意味較重，筆畫多呈弧形。甲骨文是用刀刻的，其筆法方筆居多，圓筆較少，筆畫較細；金文是鑄或刻在金屬器皿上的，筆畫較粗，結構趨向方正。儘管金文與甲骨文筆畫有粗細之别，但整體看來仍然帶有圖畫痕跡。篆書可分爲大篆與小篆。小篆是由大篆演變而來的，其特點是筆畫勻圓整齊，結構簡單統一。它是秦始皇用來統一全國文字的形體。漢字發展到楷書，象形的意味才大大減少，筆畫横平豎直，完全擺脱了圖畫的約束。其間，隸書起了承前啟後的作用。秦始皇用小篆統一全國文字前後，民間亦流行著隸書。它的特點是筆畫由曲變直，由圓變方，結構工整，帶有棱角。從隸書開始，漢字漸漸被定形化了，成了四平八穩像豆腐塊似的漢字。

漢代使用隸書，草書也開始出現。草書筆畫相連，不易辨認。到三國時，魏國人在隸書的基礎上改進字形和筆畫，形成楷書。「楷」者，楷模法式也。楷書的特點是字體端正，筆畫清楚平直。後代人把楷書字帖稱爲法帖，缘由在此。

因爲易寫之故，凡是學習漢字書寫，幾乎都從楷書入手。可以說，楷書是漢字字體中最通俗的一種，最容易看得明白，因此人人喜見樂用。

漢字結構方式靈活

想一想

1. 你見過測字嗎？測字是怎麽回事？
2. 你知道「春牛圖」三個字分别爲哪種結構嗎？

測字怪趣

漢代有個叫蔡茂的官員，一天夜裹做夢，看見宫殿屋樑上有禾穗；他跳起來將禾穗拿到手，可是一忽兒又丢失了。醒來心裹納悶，便問主簿郭賀，郭賀安慰他説：「你得了禾，又失去，這預兆你將升官；禾加失是秩，你跳了起來，就表示會越級進秩（陞官）。」這便是利用漢字的左右結構來測字。漢字的各種結構常被利用來測字。

測字，又稱拆字，是把漢字的結構或筆畫分拆或合併，並作出解説以預測吉凶，這當然是迷信，但很有趣。

合體字與獨體字

大家再聽一段對話：

「先生貴姓？」
「小姓 Zhang。」
「是弓長張還是立早章？」
「立早章，也就是文章的章。」

這段對話涉及漢字的兩種結構，「張」字是左右結構，「章」字是上下結構；此外，還有内外結構和零結構。四種結構分述於下：

(1) 左右結構的漢字最多，如：個、鄭、政、治、理、財、經、驗、收等。左右結構還有一個類型，即複合型，例如「鋤」字左邊是金，右邊是助，而「助」字左邊是且，右邊是力。

(2) 上下結構的字也很多，如：態、勢、花、朵、費、吉、魯、雷等。

(3) 内外結構的字較少，如：國、間、匡、甸、�等。

(4) 零結構的字也有一定的數量，例如：生、了、力、久、九、八、七、山、水、尺、鳥等。

零結構的字，不能再拆開，稱爲「獨體字」；而左右、上下、內外結構的字，可分拆成兩個或兩個以上的獨體字，稱爲「合體字」。總體而言，漢字以合體字居多。

造字法及用字法

象形、指事、會意、形聲、轉注、假借，稱爲「六書」。這是古代文字學家對漢字構造的分類，很有價值。其中象形、指事、會意、形聲是造字法，直接涉及漢字的構造；轉注、假借是用字法，不涉及漢字的結構問題。這裏簡略地談談前四種：

象形字就是按照實物的大致輪廓描成的字，例如「山」、「水」等。然而，今天的楷書已看不出象形字的模樣，可以說是象形字不「象形」了。

指事字就是象形字加入某種符號，例如「本」、「末」等。在「木」字的下部加一小橫，構成「本」字，原義指樹根；在「木」字的上部加一小橫，構成「末」字，原義指樹梢。

會意字，如「益」、「信」等。會意字的讀音與構成的部件無關，例如「益」字，不讀成「水」，也不讀成「皿」；信字不讀成「人」，也不讀成「言」。其含義則由兩個部件融合而成，「益」字原義為溢，字形表示水滿於器皿而流出；「信」字原義是真實，意思說華麗的語言不真實，真實的語言不華麗。

形聲字也是由兩個以上的字構成的，其中一半表音，一半表義。表義的稱義符或意符，表音的稱聲符。例如「湖」、「海」等字，左邊的「水」是義符，表示水勢浩大；右邊「胡」、「每」是聲符，表音。但我們要注意，形聲字的聲符不一定都能準確地表音，在上例中，「胡」可表示「湖」的音，「每」卻不能表示「海」的音。如果誤以為聲符都可表音，就會成了俗話所說的「唸半邊字」。漢字 90% 以上是形聲字。

漢字結構方式靈活，不同的構字法，產生了繁富的字形，反映中國文字豐富的內涵。

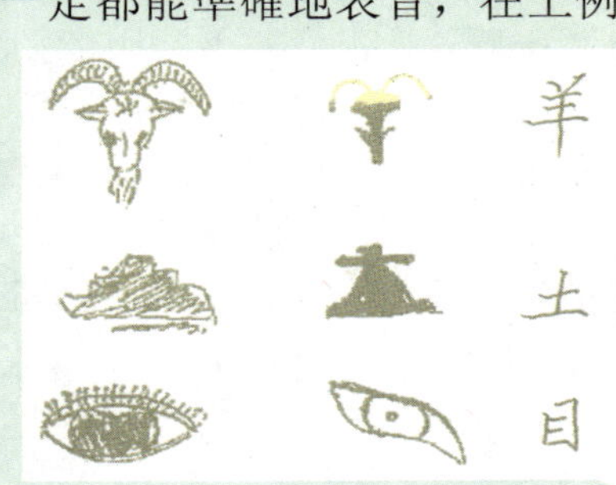

象形字

漢字形體由繁而簡

想一想

1. 文字作爲一種信號系統，是否應該一成不變？
2. 你認爲香港應否推行簡化字？

約定俗成，變化有則

大家一定都見過街上的交通信號燈，紅的表示不可通行，綠的表示可以通行。文字其實也是訴諸視覺的一種信號，是社會約定俗成的複雜信號系統，能表示各種意義。信號系統不能亂變，亂變就使人莫名其妙，無所適從。但是它也絶非亙古不變的，而是可以根據約定俗成的原則加以調整變動的，明顯的事例莫如拼音文字中的縮寫和方塊漢字中的簡化。

簡化漢字，古已有之

英語使用拼音文字，爲了使用便捷，某些長串的詞語可加以縮寫，例如ICAC是「香港廉政專員公署」的縮寫，IBM是「美國國際商業機器公司」的縮寫。漢語使用方塊漢字，無從提取字母來縮寫，但可以用簡稱，例如「特別行政區」可以簡稱爲「特區」，「奧林匹克運動會」簡稱「奧運會」,「世界博覽會」簡稱「世博會」等。但漢字比拼音文字還多了一種提高書寫效率的辦法，那就是減少漢字的筆畫，把筆畫多的常用漢字改變爲筆畫較少的，這種辦法叫做簡化，例如「蠶」簡化爲「蚕」,「鳥」簡化爲「鸟」，後者通稱爲「簡化字」。

簡化字產生於民間，古已有之，歷代字典韻書收録了不少簡化字，可爲明證。傳說唐代四川才子李群玉有一副拆字格對聯：

鴻是江邊鳥
蠶爲天下蟲

鴻是江邊鳥，蠶爲天下蟲

假如「蠶」字在當年不是簡化爲「蚕」，這副對聯的下聯便没有依據了。儘管簡化字古已有之，但從前稱之爲俗字，是難登大雅之堂的，政府文書公告、經典書籍以及科舉考試等，一律不准使用俗字。一旦科舉考試試卷上用了俗字，不管文章好壞都會名落孫山。

利多弊少，廣泛應用

化繁爲簡，無可避免地會削減原來繁體字較強的表意功能，造成文字不易識别。請先看看下列的對應字：

復 複－复　　乾 幹－干　　獲 穫－获

一經變化為簡化字，「復」習或重「複」都用「复」字，「乾」淨或「幹」事都用「干」字，「獲」得或收「穫」都用「获」字。這樣一來，不但識别文字造成困難，若干漢字也無形消滅了。

不過，由於簡化字已經在民間通用，總體來看，是利多弊少，有廣泛的群眾基礎；所以我國國務院在20世紀的50年代便成立了文字改革工作委員會，集合語言文字專家及各方面有關人才，制訂簡化字表，分批在全國推行。簡化字比相應的繁體字省去不少筆畫，所以深受人們的歡迎。下列的繁體字簡化後省去了一半甚至三分之二筆畫：

靈－灵　體－体　認－认　識－识　（省去三分之二筆畫）
風－风　錢－钱　發－发　點－点　（省去大約一半筆畫）

國務院文字改革工作委員會在1964年頒佈了簡化字總表，把推廣及使用簡化字作爲官方的語言文字政策。40多年來，簡化字已深入到內地社會生活的各個領域，整整兩代到三代人，從教科書、報章書刊、公私文牘等，學到或接觸到簡化字。由於他們從小就用簡化字識字寫字，因而大大提高了閱讀與書寫的效率。在國外，新加坡早已通令全國使用簡化漢字，聯合國規定正式的漢語文本也必須使用簡化字。

簡化字已植根於社會文化生活之中，使用簡化字在內地已是不可逆轉的了。港、澳、台將來如何，目前尚難預料，但起碼應當認識、瞭解。我們每天要接觸大量內地出版的報刊和參考讀物，與內地商貿往來的書信文件也都使用簡化字；如果一點也不認識簡化字，是會很吃虧的。

漢字表意耐人尋思

想一想

1. 漢字的字形和拼音文字有甚麼不同?
2. 濃、儂、噥、膿、穠等字跟農業生產有關嗎? 爲甚麼?

以「貝」爲偏旁的字與財貿有關

文字是語言的載體，也是文化的結晶。漢字和社會文化生活，究竟有甚麼關係呢？這是一個十分值得玩味的課題。讓我們看看下面的例子。

我們常把珍貴的事物叫寶貝。「貝」，即貝殼。在今天，到海邊去撿，遍地都是，有甚麼可珍貴的？可是在商周時代，貝殼是貨幣，可購物，可賞賜，可顯示財富。《詩經》中有句詩：「既見君子，錫（賜）我百朋」。古代5個貝殼一串，兩串爲朋，百朋即1,000枚貝殼，是一筆可觀的賞賜，難怪詩人高興地把它寫進詩篇。在當時，貝殼是可以買到馬、牛、羊乃至房舍的貨幣，自然值得珍貴。漢字中以「貝」爲部首的字都與財富或交易有關，例如：

文字	意義
財賄資賑貧貪	指財富
賞賜貸賄貢贈賄賂	表示以財物予人
買賣貿贖購賈貴賤	表示交易及價錢高低

春秋戰國以後，貝幣逐漸被錢幣（銅幣）代替；而以貝爲部首的漢字及其所表達的意義，卻千古不易。這些漢字可以說是上古時代貨幣制度的「化石」。

從「辰」字推知商代農具是石器

漢字有一個特點是任何拼音文字所不具備的，這個特點就是它的表意體系。說通俗點，就是它有一系列偏旁部首作爲表示意義的符號。漢字的偏旁部首不僅與漢字的發展源流直接相關，而且爲研究古代名物提供了很有用的資料。再舉個例子說明這一點。文字學家郭沫若先生，在20世紀20年代曾從甲骨文中的「辰」字、「農」字推斷出殷商時代的農具是石器；後來考古發掘出商代大量的石器農具，證實了郭沫若的論證和推斷是符合歷史事實的。爲甚麼郭先生能夠做出這樣的推斷呢？關鍵在於古漢字字形能夠反映古代名物，而郭先生透過對甲骨文的研究，判定甲骨文的「辰」字從石，是一種石器；而農字則由「辰」字構成，也從石。據此可推知當時的農業生產工具是石製的。

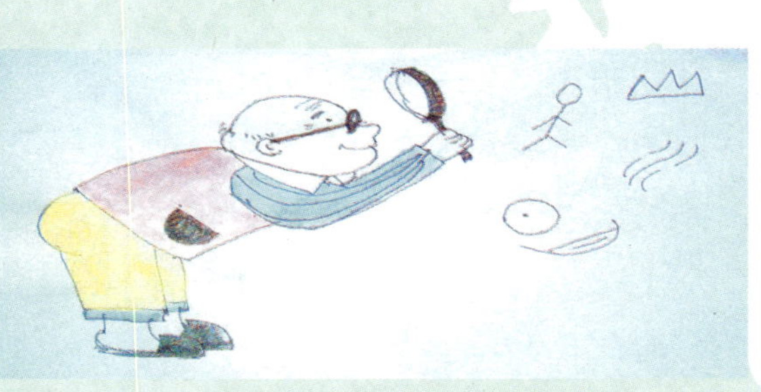
表意是漢字的特色之一

從古漢字的形體推測古代社會文化生活的方方面面，是一條途徑，現在讓我們再多觀察兩組漢字：

（一）宰、妾、僕：這幾個字在甲骨文中都帶有「辛」字。「辛」是行刑的刀，引申指有罪。「宰」是罪人拘爲家奴；「妾」是有罪婦女拘爲家婢，晚上侍寢；「僕」在甲骨文中的字形是用刀紋面的奴隸，手持簸箕勞作。

（二）臣、民、奚：這幾個字是象形字或會意字。「臣」的字形是豎目，人俯首則目豎，指不許在主人面前抬頭的奴隸；「民」是刺瞎左眼的奴隸；「奚」是繩子綁著的戰俘或奴隸。在上古，這批字所指的都是失去自由的人，都可釋爲奴隸。

取火熟食孳生烹調方式

漢字和社會文化生活的關係當然不止於此，社會文化生活的發展亦促使漢字孳生，例如我們的先民懂得取火之後，擺脫了茹毛飲血而進入熟食的階段，免除了許多因生食生飲而帶來的疾病，這是人類生活史上的一件大事。熟食引發了各種烹調方式，於是便孳生出「烘、燔、烤、炮、炙、蒸、煎、熬、煮」等許多字來。文字記載了社會生活的經驗，留傳後世，推動了文化的發展。

單元四

修辭語彙

典故——積儲宏富

想一想

1. 你寫文章時喜歡使用典故嗎？
2. 你聽説過「狡兔三窟」這個歷史故事嗎？

「典」出有方

孟嘗君受到人民夾道歡迎的情景

戰國時，齊國的相國孟嘗君，非常喜歡結交和延攬人才。這些人中，有一個名叫馮諼。有一次，孟嘗君派馮諼替他到薛這地方收債。但是馮諼卻沒有向當地百姓要債，反而將債契全部燒了。薛地人民都以爲這是孟嘗君的意思，心中充滿感激之情，一起頌揚孟嘗君的恩德。馮諼回來後，孟嘗君問他收回了債沒有，馮諼回答道:「我見您甚麼都不缺少，只缺了個『義』字；所以把債契都燒了，而把『義』買了回來。」

大約一年後，孟嘗君被罷免相國的職位，回到薛地去，受到薛地人民夾道歡迎。孟嘗君才知道馮諼爲他買的「義」字有多寶貴，心中非常感激。但馮諼對孟嘗君説：「聰明的兔子通常都有三個洞穴，才能在緊急的時候逃過獵人的追捕，而免除一死。現在您只不過有一個藏身之處，還不能高枕無憂啊！」

在馮諼的策劃下，孟嘗君終於得到齊王的重用。馮諼再勸告孟嘗君向齊王提出希望能夠擁有齊國先王祭器的要求，放在薛地，並建造廟宇加以供奉，因爲這樣的話，齊王會派兵來加以保護，確保薛地的安全。齊王最終也答應了。在馮諼的策劃下，孟嘗君終於得到齊王的重用。祠廟建好後，馮諼對孟嘗君說：「現在屬於你的三個安身之地都已經建造好了，以後你就可以高枕無憂了。」

以上所引用的歷史故事，就是「狡兔三窟」的典故。

避免濫用

博覽群書是理解典故的方法之一

要應用典故必須讀古典名著，必須了解歷史；不然，不懂出處本義，又如何引用？在古代，文人說話寫文章喜歡用典故。當然，如果過分用「典」而又駕馭不好，文章就會變得艱澀，難讀難懂。前人曾譏諷濫用典故的文章是「餖飣獺祭」。所謂「餖飣」，指供陳設的食品；所謂「獺祭」，指水獺捕到魚後，不是馬上吃掉，而是一條一條排列著。「餖飣獺祭」比喻文章裏排列許多典故而無益事理的闡明與敘述。到五四新文化運動時期，白話文興起，胡適先生撰文明確反對用典故，這是進步的主張。但是矯枉無須過正，不必因噎廢食；說話寫文章一點也不用「典」，在我們這個文化積儲宏富的國度裏，那是不可能的。

貴乎恰切

引用典故不是高不可攀的事，你對現實生活中某個問題有看法，聯想到某個歷史故事或古書上某句名言，引用它來說明問題，這就是用「典」。適當地用「典」，用得恰到好處，能增加文章的生動性與說服力。譬如說，吳三桂是明末鎮守山海關的將領，他在李自成攻入北京後，因愛妾陳圓圓落入李自成部將手中，「衝冠一怒爲紅顏」，竟引清兵入關；這個歷史故事是大家所熟悉的，不是僻典，引用它嘲諷「引狼入室」的行爲是很恰當的。寫文章時適當地採用典故，可避免平鋪直敘，從而使文章更有內涵，更具可讀性。當然，大前提還是要多讀書，才能充分掌握典故的具體內容，而不致於張冠李戴，令人啼笑皆非。

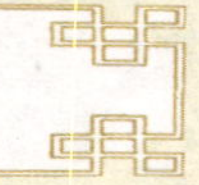

成語——詞彙瑰寶

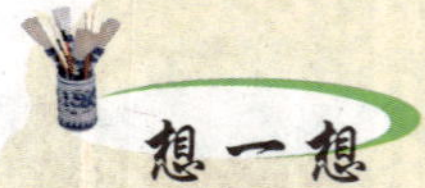

想一想

1. 成語一般有多少字?
2. 成語有甚麼特色呢?

由來有自

春秋時代，有一個叫做西施的美女，她有閉月羞花的美貌，遠近聞名。她一抬手、一轉身都顯得婀娜多姿，一顰一笑都非常嫵媚動人。有一天，西施因患心痛的病而皺著眉頭，恰好被一個名叫東施的醜女看到了。東施覺得西施這個樣子嬌弱動人，便也學著她的樣子，捂著胸口、皺著眉頭走在街上。可是，凡是看到東施的人都遠遠地避開她，因爲她皺著眉頭的樣子更顯出了她的醜陋，不堪入目。

上面的故事就是成語「東施效顰」的具體內容，人們常用它來形容那些只懂得在表面上去倣效別人，結果弄巧成拙的愚蠢舉動。

成語一般由四個音節構成，它的實際內涵豐富，具有形象性、生動性和概括性等特點，表現力特強，所以深爲人們喜愛。成語的來源主要有四方面：歷史故事、古代寓言、古代詩文和俗語。

東施效顰

正確解讀

「尾大不掉」比喻部屬勢力强大，不聽指揮

「卧薪嚐膽」比喻能吃苦，能屈能伸

有的成語流傳了一兩千年，其中保存了古代的字義，我們如果用現代字義去解釋，那就會鬧出大笑話。如有人把成語「尾大不掉」胡亂地解釋爲尾巴大了就不會掉下來，其原因在於不明白「掉」字在古代常解作「搖擺」。「尾大不掉」是指尾巴太大，搖擺不了，常用於比喻部屬勢力強大，不聽指揮。又如「臥薪嚐膽」，來自春秋末年越王勾踐發憤圖強、報仇雪恥的故事；「東山再起」，來自東晉時謝安隱居東山、後又出任宰相的故事；再如「暗渡陳倉」，來自韓信欺詐敵方、暗中領兵從漢中繞道出陳倉進據咸陽的故事。如果單從字面去理解，是很難全面掌握成語的豐富意義的。

善於運用

正確理解成語的含義是正確運用成語的前提。我們一方面要弄清成語中個別字的意義，一方面要弄清成語的整體含義，例如「水落石出」，不能僅僅照字面理解，而應理解其比喻義是指事情的真相顯露出來了。此外，更應該注意成語的褒貶義，例如「同仇敵愾」是褒義，「同流合污」是貶義。

成語是漢語詞彙中的瑰寶，我們要珍視它，好好地學習怎樣正確而巧妙地運用，以增強我們的語言表現力。在文章中如能善用成語，就好像畫龍點睛，定能使文章生色不少。

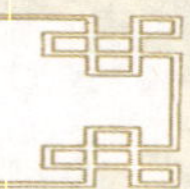

俗語——源遠流長

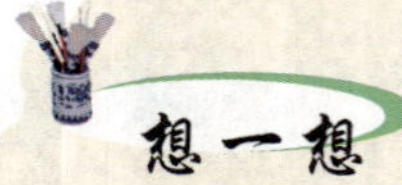

想一想

1.「人心不足蛇吞象」是甚麼意思呢?
2.將俗語運用在文學創作中,能起到甚麼作用?

社會通用

在香港,有時候我們會聽到別人這樣説:「因爲我犯下錯誤,所以被老闆燉冬菇。」意思是説在工作上被貶、降級或失去權力。那麼,究竟「燉冬菇」與「降級」有甚麼關係呢?

冬菇

據説早年香港軍裝警察的軍帽是用竹片編織而成的,形狀就像一枚冬菇。如果警察表現出色,獲得上司的賞識,就會調任成為便衣警察。可是,如果任職便衣警察期間犯下錯誤,便會「下調」再任軍裝警察,又要戴上那頂貌似冬菇的軍帽了。當時,人們稱這種降級現象爲「燉冬菇」。後來,「燉冬菇」漸漸流行於其他社會階層,變成社會上通用的俗語了。

生活結晶

所謂俗語,是指通俗並廣泛流行的話語,大多數是由群眾口頭創造出來的,言簡意賅,反映人民的生活經驗和願望。俗語具有源遠流長的歷史,它們或是口傳,或是透過文獻記載而世代流傳。

古往今來,不少作家在創作時都喜歡運用俗語,例如:

得失榮枯總是閑，機關用盡也徒然，
人心不足蛇吞象，世事到頭螳捕蟬。

——《金瓶梅》

只是這句話，人心隔肚皮，旁人怎猜得透。

——《兒女英雄傳》

俗語兒説的，人怕出名豬怕壯，况且又是個虛名兒，終久還不知怎麼樣呢。

——《紅樓夢》

「人心不足蛇吞象」、「人心隔肚皮」和「人怕出名豬怕壯」，都是家喻户曉的俗語。適當地運用俗語，可以增加語言的表現力，增強作品的生動性和趣味性，使人物形象更富有個性特色，同時也更能夠真實地反映現實生活。

富有哲理

俗語的口語化、通俗化特點十分明顯，大部分俗語幾乎都是婦孺皆知的。這些通俗的語言，蘊含了人民的生活智慧，富有哲理。

香港很多俗語，從字面便可看出它們的實際意義。例如「人比人，比死人」，意思是説每個人的情況各不相同，如果事事與別人比較，只會自尋煩惱，苦了自己；又如「先使用未來錢」，是説用度超支，入不敷出；再如「未學行，先學走(跑)」，是形容人心浮氣躁，急於求成，而忽略基礎功夫。

有些俗語，是要經過細心的思考才能夠明白箇中意義的。例如「人怕出名豬怕壯」，意思是説人出了名，便會招來災禍，就像豬肥壯便給人屠宰一樣。又如「死牛一邊頸」，字面意思是指牛死了，頸部便側向一邊不動，人們以此形容那些不知變通、性格固執倔強的人。

總之，只要我們能夠弄清俗語的意義，並且運用得宜，文章就會變得生動活潑、幽默雋永了。

未學行先學走

格言——金玉良言

想一想

1. 格言有甚麽作用?
2. 你知道「寬則得衆」是甚麽意思嗎?

言簡意賅

格言，具有言簡意賅的特點，短短一句話，可以洞見人生哲理，勉勵人們如何立身處世。

古時候，有不少格言要求人們言行一致，表裏如一。例如：

不精不誠，不能動人。

——《莊子》

與朋友交，言而有信。

——《論語》

失信不立。

——《左傳》

一諾千金。

——《史記》

這些格言都要求人與人之間的交往言而有信, 誠實無欺, 以誠信作爲處世的原則。

古人確是很重視誠信的。據説有一天，曾子的妻子到街上去，兒子哭著要跟著去。曾妻便對兒子説:「如果你不哭，我回家後就殺豬給你吃，好嗎?」兒子聽到有豬肉吃，就不再哭了。過了一會，曾妻從街上回來後，曾子便準備工具殺豬。曾妻看見後，就立刻阻止説:「我只是哄孩子，怎麽能當真呢?」曾子卻説:「你不可以這樣子的, 孩子年幼無知，會學習和模倣父母的言行。今天, 我們不殺豬, 就是欺騙他, 也就是教他欺騙別人。母親欺騙孩子, 孩子以後就不會相信母親的話了。」於是，曾子便把豬殺了。

誨人律己

古人爲了時刻訓勉自己或教育下一代，於是在廳堂或門户上懸掛文字精練的格言警句，稱爲「格言聯」。格言聯內容豐富，包含治學、修養、鞭策、處世等，例如「處世何妨真面目，待人總要大肚皮」、「待人寬三分是福，處世讓一步爲高」、「胸闊千秋似粟粒，心輕萬事如鴻毛」等，都是教導人們如何待人處事的；又如「白日莫閑過，青春不再來」、「靜坐常思自己過，閑談莫論他人非」、「多讀書知禮明義，少飲酒多是無非」等，則是教導人們要珍惜光陰，自強不息的。

除了格言聯外，有人更把格言刻在不同的物件上，以激勵自己。例如文學家曹雪芹把「富非所望不憂貧」用草書寫在牆壁上，蒲松齡把「有志者，事竟成，破釜沉舟，百二秦關終屬楚；苦心人，天不負，卧薪嚐膽，三千越甲可吞吴」刻在鎮尺上。

指路明燈

其實，格言與日常生活息息相關，是人生道路上的明燈。當我們在學業上遇到困難時，可以用「眼前多少難堪事，自古男兒當自強」，鼓勵自己勇於面對人生困境，不能失去信心。

人與人之間相處，難免會發生爭吵或衝突。這時候，我們可以用「己所不欲，勿施於人」及「寬則得眾」勉勵自己，學會體諒，不要把自己不喜歡的事，強加在別人身上。待人寬厚，自然可以贏得友誼，得到眾人的愛戴。

格言，句句精警，發人深省，只要我們細心體會，可以從中學會處世之道。

格言是人生道路上的明燈

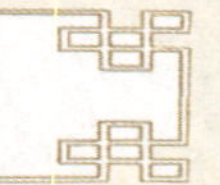

春聯——喜氣洋洋

想一想

1. 貼春聯是從甚麽時候起成爲民間習俗的？
2. 中國人爲甚麽喜歡在迎接新春佳節時張貼春聯？

從桃符到春聯

春天，大地復甦，百花吐蕊，新翠滿目，處處充滿生機。一年之計在於春，在我們這個以農立國的古老國度裏，春耕之前的春節是民間最隆重的節日，而家家户户張貼春聯是重要的慶祝活動。

這種習俗源起於何時呢？話得從「桃符」説起。

據記載，東漢時家家户户過春節時，都要在大門上放置桃符。桃符就是寫著「神荼」、「鬱壘」的桃木板，分别掛在大門口。神荼、鬱壘是兩位驅瘟逐疫的神，可以避邪。這個習俗到五代後蜀有所演進，後蜀主孟昶曾親自在桃木板上寫對聯：「新年納餘慶，嘉節號長春。」這應是春聯的發端，但此時民間還没有形成寫春聯的習俗。北宋著名的宰相王安石有一首詠元旦的詩：「千家萬户曈曈日，總把新桃换舊符。」可見北宋時，春節仍是懸掛桃符。

張貼春聯何時成爲民間風俗呢？據明清筆記所載，應該是在明初。傳説明太祖朱元璋自幼喜好對聯，做了皇帝後，有一年春節前下令，首都所在地南京家家户户都要在大門兩邊貼對聯。他還親自擬了一副春聯送給開國第一功臣徐達，讓他張貼在大門上（見右圖）。

破虜平蠻功貫古今人第一
出將入相才兼文武世無雙

從掛桃符發展到貼春聯，意味著人民避禍趨吉的美好願望，求吉祥，求福壽，祝願新年勝舊年，期盼生活更美好。

立意祈求吉利

春聯都要寫上吉利的話，這是無可異議的，如大家常見的「天增歲月人增壽，春滿乾坤福滿門」，就是這一類對子，洋溢著節日氣氛。但初期的春聯並非全是如此，這裏介紹一副抗拒討債的春聯。據説有個窮書生，窮得家徒四壁，窗破屋漏。到年底，別人家買魚買肉，準備過年，他卻要設法躲債。可是躲到哪兒去呢？躲得了和尚躲不了廟，況且哪個親友都不歡迎他上門躲債。他想來想去没有辦法了，索性下狠心不躲債了。他在門上貼了一副春聯(見右圖)。

米無麵無油鹽醬醋皆無如此貧寒哪個小子敢討債

筆有墨有琴棋書畫俱有陡然富貴何愁老夫不還錢

香港是一個商業社會。商人祈求的是生意興隆，財源廣進。「生意如春意，財源似水源」之類的春聯最受歡迎，大家新春到各百貨商店看看，圍繞這個主題的聯句多著呢！

要求屬對工整

春聯用於慶賀春節，是對聯的一種，所以要求對仗工整，起碼要做到名詞對名詞，動詞對動詞，形容詞對形容詞，數量詞對數量詞，虛詞對虛詞。請看以下這副春聯：「身強力壯猴年好，生意興隆百業開。」「身強力壯」是並列結構，「生意興隆」是主謂結構，不能相對，「猴年」對「百業」也對不上。像這樣的春聯，就不成爲對聯。

對聯的另一個要求是平仄協調，節奏點平仄分明，最起碼上聯的末字要用仄聲，下聯的末字要用平聲。請看本文前面所舉的春聯，任何一個上聯的末字都是仄聲，而下聯的末字都是平聲。由此可知，要擬好春聯，非學好語文的基本功不可。

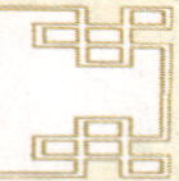

反語——詼諧幽默

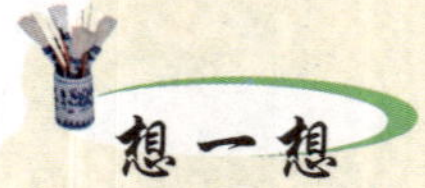

想一想

1.日常生活中,你説過「反語」嗎?
2.「反語」可以産生甚麽作用?

一百八十度大轉彎

據説秦朝的時候，有一個侏儒名叫優旃，非常聰明。有一次，秦始皇打算擴建御花園，炫耀一番。旁邊的大臣聽説後，心想：「唉！這麽大的工程，一定要耗費不少人力物力。皇帝只懂享樂，卻苦了百姓……」可是，每個人都是敢怒而不敢言。這時候，優旃卻説：「太好了！皇上這個主意真的太好了！這樣一來，我們只要在御花園多養一些動物，如牛、羊、麋鹿、老虎、豹子等，如果有敵人入侵邊境，這些飛禽走獸就可以保衛國土，抵抗敵軍。」秦始皇聽完這番話，恍然大悟，便放棄擴建花園的念頭。

試想想，如果優旃大義凜然地勸阻秦始皇，可能只會自討苦吃，受到懲罰。優旃採取更明智的方法，來個一百八十度大轉彎，極力誇耀興建御花園的好處，表面上是附和秦始皇，實際上是勸諫。這樣，優旃不僅可以明哲保身，也能夠拯救天下百姓，一舉兩得！

在笑聲中發人深省

優旃故意用與本意相反的話語來表達本意，這種修辭稱爲「反語」。反語往往帶有強烈的幽默或諷刺的意味，能夠把本意表達得更爲深刻、更富趣味、更有力量。

梁實秋在《小聲些》一文中，對中國人在公共場合經常旁若無人、高談闊論的情況，這樣寫道：

《孩子》一書中的所謂「孝子」

> 喉嚨稍微大一點，不算醜事。且正可以表示我們的一點國民性——豪爽、直率、堂皇。

表面上，作者用「豪爽」、「直率」和「堂皇」讚美國民，本意卻是諷刺。梁實秋還喜歡以反語調侃世態，例如面對中國父母過於溺愛子女，他在《孩子》中稱這一現象爲「孝子」，並解釋道：

> 以前的「孝子」乃是孝順父母之子，今之所謂「孝子」乃是孝順其孩子之父母……

以輕鬆的筆調，道出現今社會的問題，不僅能爲呆板的文字添上趣味，更讓讀者在笑聲中深思和反省。

嘻笑怒罵皆成文章

反語，以其諧趣迭生、風雅幽默的語言風格豐富了文章的色彩。魯迅先生很喜歡運用反語修辭，他自己說：

> 好用反語，每遇辯論，輒不管三七二十一，就迎頭趕上一聲。

魯迅先生所撰寫的雜文，短小精悍，詞鋒犀利。不少文章，從表面上看是肯定和讚美的，實際卻是否定和諷刺，在幽默和輕鬆的語調背後，表達個人憎恨和憤怒的感情，具有強勁的鞭撻力和濃烈的感染力。

因爲反語的特點是用與本意相反的話語來表達本意，所以我們在閱讀文章時，要多加思考和咀嚼，這樣才不會誤會作者的原意，鬧出笑話。例如王力在《請客》一文中說：「從搶付車資，搶會鈔，以至於大宴客，沒有一件事不足以表示中國是一個禮讓之邦。」從表面上看，他對中國人「請客」的風氣，是持讚許態度的；可是，你千萬別誤解作者的一番苦心。其實，王力是以反語諷刺陳規陋習，指出人們請客的真正目的，乃是一種抱著「小往大來」的虛僞行爲。

謎語——創意思維

想一想

1. 猜一猜:「卧也坐, 行也坐, 立也坐, 坐也坐」指的是甚麽動物?
2. 你知道猜謎有甚麽要領或竅門嗎?

益智而有趣

謎語是暗射事物或文字等供人猜測的隱語，燈謎是貼在燈上的謎語，有時也會貼在牆上或掛在繩子上。猜謎，是一種益智而有趣的傳統娛樂活動。以下試舉兩個例子:

黄瓷瓶，口兒小，瓶裏装著紅珠寶，只能吃，不能戴，又酸又甜味道好。(打一物或一果實名)

劈岩移山，修田植柳。(打兩字或一果實名)

前者要往實物形態的特點方面去猜，謎底是「石榴」；後者要劈開「岩」字把「山」字移去，剩下「石」字，「田」字加上「柳」字成了「榴」字，謎底也是「石榴」。

參照以上的方法，你能猜出「想一想」題1 的謎底是甚麽嗎?——是「青蛙」，因爲青蛙除了游泳以外，都是坐著的，連睡覺也坐著。請再看這條燈謎:

土疊土，疊成堆，蟲兒就在土堆邊。(打一動物名)

謎底也是「青蛙」。同樣的謎底，但設計謎語的人卻構思出不同的謎面，富有創意。

人們爭相猜燈謎

結構「三部曲」

謎語是由三個部分組成的，一是謎

面，即寫出來或説出來讓人猜的部分，好比是考題；另一是謎底，即謎面的答案。在謎面和謎底中間是謎目，謎目提示謎底的範圍，例如前述的「打一動物名」、「打兩字」等。謎面、謎底和謎目，可説是謎語的「三部曲」。謎面要編得和謎底緊密貼切，但又不可過分淺顯。如果不貼切，煞費思量也猜不出，就不是好的謎語；如果太淺顯，不需思考，也不是好的謎語。

據傳説，王安石很喜歡編字謎，他曾經編過這條字謎：

一月又一月，兩月共半邊，上有可耕之田，下有長流之川。

這條謎語不深奧，你猜得出這是甚麼字嗎？它是個「用」字。明代才子徐文長也編過字謎，他的文集中保存的一些字謎都很妙，例如：

二畫大，二畫小。（打一字）

一般人都猜這個字有四畫，或是「井」字，或是「王」字，或是「手」字，但扣不到哪二畫是大的，哪二畫是小的，所以都不對。這條字謎較深奧，謎底是「秦」字，秦的上半部分是二畫加大字，下半部分是二畫加小字。

注意改變思路

猜燈謎這樣有趣，而且能啟發智力，那麼，怎樣猜呢？有甚麼要領或竅門嗎？這個問題很難一句話説清楚，建議有六個字：注意改變思路。以下舉例加以説明。有條燈謎：

短一些，再短一些。（打一字）

照通常的思路，所猜的字可能很短，筆畫有長短之分，一個字怎麼可以短一些，再短一些，可見此路不通，要換個思路。謎面上不是有個「些」字嗎？它底部有兩個「一」字，「些」字短少一，再短少一，成了「此」字，那短字不當長短的短講，要當短少講。

猜謎是一種考智力的語言遊戲。全世界的語言多種多樣，唯獨漢語才具有如此豐富多彩的變化，值得玩味。

猜燈謎

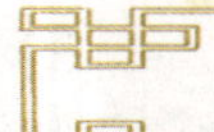

雙關語與歇後語——話中有話

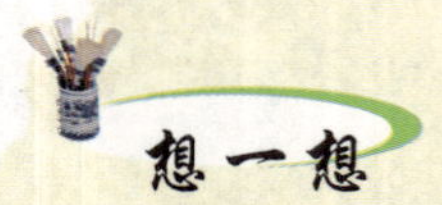

想一想

1. 你能舉出一個雙關語的例子嗎？
2.「和尚打傘」的歇後語是甚麼？

言在此意在彼

雙關語的特點是言在此而意在彼。古人早已使用雙關語委婉地表情達意。話説三國時，東吳孫權手下有一員勇將名太史慈，猿臂善射。太史慈是山東人，曹操想把太史慈拉攏過來，爲自己效力，但又不便明説，於是派人送他一盒中藥當歸。太史慈是聰明人，打開盒子一看，只有一張空白的信紙和一包當歸，他明白了曹操的用意是叫他回家鄉。但他對孫權忠心耿耿，不爲曹操所動。在這個事例裏，中藥當歸是表層的意思，返回家鄉則是深層的意思。

雙關語可分爲兩類，一是語義雙關，上舉之例便是；另一類是語音雙關，在實際應用中，使用得更多。古典詩歌最常使用語音雙關，例如唐代詩人劉禹錫的《竹枝詞》寫道：「東邊日出西邊雨，道是無晴(情)還有晴(情)。」括號中的字是深層的意思，一語雙關。

言在前意在後

與雙關語相似但不相同的有歇後語。歇後語由前後兩部分構成，其特點是言在前而意在後，後半部分是對前半部分的解釋。歇後語流行於民間，帶有明顯的口語色彩。請看下面的例子：

和尚打傘——無髮(法)無天

拉著鬍子過河——牽鬚(謙虛)過渡(度)

以上兩例是諧音歇後語，前半部分設定某種情景，後半部分用諧音字點明情景的內涵。第一例中只有一個字諧音，第二例四個字有三個字諧音。使用諧音字較少的較容易理解，全都是諧音字的不容易理解。

黄鼠狼給鷄拜年——没安好心
泥菩薩過河——自身難保
棺材裏伸手——死要錢
猪八戒照鏡子——裏外不是人

以上四例都不用諧音字，前半部分實際上是一種比方，後半部分點明比方的含意。在實際應用歇後語時，後半部分可以不説出來，例如「他這是黄鼠狼給鷄拜年」，聽話的人就明白甚麽意思了。

猪八戒照鏡子——裏外不是人

耐人尋味

雙關語和歇後語有個共同點，就是拐個彎兒表情達意，都不能只照字面理解，要想一想才可明白其含意。此外，反語也是不可以照字面理解的，例如「冤家」本來指仇人，常言「冤家路窄」，意思是仇人湊巧相遇了；可是《西廂記》裏寫張生愛慕鶯鶯，張生嘴上卻說鶯鶯是「冤家」。在這裏，「冤家」不是指「仇人」，而是指「愛慕的人兒」了。

要理解「話中話」，並不是一件容易的事情，這也從另一方面説明漢語耐人尋味的豐富内涵。

單元五

治亂興衰

中華大家族

1. 中國是由多少個民族組成的？
2. 我們應該以怎樣的態度與不同民族的人相處？

中華大家族

你到過北京天安門廣場嗎？你可曾留意，爲甚麼天安門廣場的國旗杆座周圍有56個銅製的欄杆？爲甚麼天安門廣場的金水河又有56組噴泉呢？

天安門廣場的金水河噴泉

正確的答案是它們代表了中國有56個民族。中國是一個統一的多民族國家，定居於中國領土上的所有民族，合稱爲中華民族。

56個民族由於生活環境、經濟活動、風俗習慣、宗教信仰等各方面的差異，從而形成了各自獨特的風彩，豐富了中華民族的文化內涵。

阿昌族	白族	保安族	布朗族	布依族	朝鮮族	達斡爾族
傣族	德昂族	東鄉族	侗族	獨龍族	俄羅斯族	鄂倫春族
鄂温克族	高山族	仡佬族	哈尼族	哈薩克族	漢族	赫哲族
回族	基諾族	京族	景頗族	柯爾克孜族	拉祜族	黎族
傈僳族	珞巴族	滿族	毛南族	門巴族	蒙古族	苗族
仫佬族	納西族	怒族	普米族	羌族	撒拉族	畲族
水族	塔吉克族	塔塔爾族	土家族	土族	佤族	維吾爾族
烏孜別克族	錫伯族	瑤族	彝族	裕固族	藏族	壯族

茶馬互市

56個民族生活在同一塊土地上，矛盾是不可避免的。有甚麼方法可以讓各民族和睦相處呢？長期以來，各民族爲了建立和諧的關係，做了各種嘗試，付出了許多努力。

古時候，除了用戰爭方式解決外，人們還會通過和親、互市、交流等方法，加強民族間的聯繫，緩和彼此的矛盾和差異。漢唐的時候，中原地區的人民會用茶葉、紡織品等，與少數民族交換馬匹和毛皮，史稱「茶馬互市」。這種貿易往來，不僅可以滿足各民族的需求，也促進了經濟和文化的交流。

今天，中國政府推出各種政策，促進漢族和各兄弟民族的交流與融和。例如舉辦「全國少數民族傳統體育運動會」，讓各少數民族人民在運動場上各展英姿，弘揚民族傳統的體育運動，以維繫友好的民族關係。

和睦相處

在中華民族的大家庭中，漢族的成員最多。因此，在中國各個朝代，都是以漢字爲官方文字，用漢語作爲全國的共同語言，以減少各地的隔閡。可是，我們也不應該因此產生自大的心理，忽略其他少數民族的存在。中國有一首歌曲叫《愛我中華》，內容是這樣的：

> 五十六個星座五十六朵花，
> 五十六族兄弟姐妹是一家，
> 五十六種語言匯成一句話，
> 愛我中華——愛我中華——愛我中華！

這首歌曲，強調中國是由56個民族共同建立的，關係非常密切。如果各個民族不能互相尊重，便會產生很多紛爭，影響國家政治和經濟的發展。因此，我們應該以兼容的態度，認識和接受各個民族的文化。這樣，中華民族才可以日益壯大，繁榮富強。

各族人民和睦相處

黄帝始祖

1.你知道是誰發明指南車的嗎？
2.爲甚麽黄帝又稱爲「軒轅氏」？

軒轅黄帝

孫中山先生曾經這樣説：

中華開國五千年，神州軒轅自古傳。
創造指南車，平定蚩尤亂。
世界文明，唯有我先。

上述文字，講述了中華民族始祖黄帝的重要生平事蹟。相傳黄帝是五千年前的一位共主，三歲時已能言善語，聰敏過人。長大後，待人真誠，處事公正，人們便推舉他爲部落的首領。

黄帝畫像

當時，天下不少人都歸附黄帝，唯獨蚩尤不服，與黄帝戰於涿鹿。於是，黄帝召來一條神龍，名叫應龍，打算用大水淹死蚩尤。蚩尤不甘示弱，請來風伯雨師，翻起大風暴雨，應龍不敵，狼狽而逃。黄帝立刻請來女神旱魃助陣，停止風雨。 蚩尤輸了第一回合，就施展法術，頃刻間四周雲霧籠罩，令對方軍隊迷失方向。黄帝運用其聰明才智，發明指南車辨別方向，成功衝出濃霧的封鎖。經過連場戰鬥，黄帝終於取得最後勝利。

其後，黄帝便取代神農氏炎帝，成爲天下的共主。相傳堯、舜、禹、湯等都是黄帝的後裔，因此黄帝被視爲中華民族的始祖。

唯有我先

倉頡畫像

爲甚麼孫中山先生會稱讚黃帝是「世界文明，唯有我先」呢？原來，黃帝除了發明指南車外，在他的領導下，中華民族在建築、交通、文字和醫學等各方面都有迅速的發展，後人視黃帝爲中華文明的開創者，稱譽他是「人文始祖」。

幾千年來，民間流傳著許多關於黃帝和他的臣子們創造發明的傳説。有説黃帝爲了方便往來各地，創造了車子，既可以讓人們以車代步，又可以用車子運載貨物；有説他教導人民砍伐木材，建造房屋；有説世界上第一個煮食的鍋，是黃帝發明的。在黃帝的鼓勵和推動下，他的臣子們也各有不同的發明創造，如倉頡始製文字，具六書之法；伶倫取竹以作簫管，定五音十二律，以調劑身心。

創意有價

以上種種故事，充滿了傳奇的色彩，黃帝幾乎成爲了古代創造發明的萬能智者。從這些傳説中，後人找到了中華文明的源頭。五千年來，中國人相信黃帝是中華民族的始祖，常常自稱爲「炎黃子孫」。這種民族認同感，聯繫了全世界華人的心靈，發揮了團結的作用。黃帝和他的臣子們憑著勇於創新的精神，發明了許多東西，開創了中華的文明。我們既然是「炎黃子孫」，就要以他們爲榜樣，繼承其優良傳統，不斷進取，日新又新。

「人文始祖」黃帝憑著創意，開創了輝煌的中華文明時代。同樣，我們也可以發揮自己的創意，不斷開拓新時代文明的空間。

大禹治水

想一想

1. 爲甚麽大禹「三過家門而不入」？

2. 假設你是大禹，你是否會放下工作回家探望親人？爲甚麽？

以「疏導」代「堵塞」

在歷史上，安徽省鳳臺縣經常洪水滔滔，是百姓的心腹大患。當地有一首民謡云：

> 鳳臺十年九載水，百姓十家九户荒。
> 山上禹廟靠不住，何日盼來新禹王。

面對無情的水患，百姓都期望新一代的禹王來拯救他們脱離苦海。究竟禹王是誰呢？

據説堯舜時期，洪水泛濫成災，百姓過著水深火熱的生活。於是，堯下令鯀治理水患。鯀花費九年的時間，採用築堤壩阻擋洪水的堵塞方法。可是，洪水摧毁了堤壩，水災反而鬧得更兇了。

鯀逝世後，他的兒子禹繼承父業，擔起治水的重任。禹親身到各地考察，終於發現洪水泛濫的原因，説道：「一座座的高山阻擋了去路，令河水和雨水無法流走，結果引致洪水泛濫。」禹想到以開渠排水、疏通河道的辦法，把洪水引到大海去。經過13年的努力，終於解決了水患的困擾。後人稱讚禹治水的功績，尊稱他爲「大禹」，意指偉大的禹。

大禹陵

三過家門而不入

大禹爲了儘快解決水患，廢寢忘餐，夜以繼日在外工作。根據古書的記載，治水期間，大禹曾經三次經過家門，都沒有回家探望家人。有一次，大禹在門口聽到兒子的哭聲，也只好抑制住思念之情，避而走開。百姓深感疑惑，大禹說：「洪水爲患，禍延百姓，我又怎能因私忘公呢？」

這種堅忍不拔、大公無私的態度，五千年來打動了許多人的心靈。民間流傳著這樣的一首歌謠：

> 大禹治水十三年，一心爲民解災難。
> 實地觀察搞調查，團結勤快聽意見。
> 三過家門而不入，廢寢忘食瀝肝膽。
> 河道疏通水患滅，灌溉農田萬民歡。

據說大禹治水的足跡遍及全國，古人以「禹跡」作爲中國的代稱。由此可見，大禹在中華民族的地位是非常崇高的。

中國的脊梁

魯迅曾經在其作品中塑造了「面貌黑瘦，像鐵鑄的」大禹形象，更把古今以來和大禹一樣的「埋頭苦幹的人」、「拼命硬幹的人」、「爲民請命的人」和「捨身求法的人」稱爲「中國的脊梁」①。

說得簡單一點，「中國的脊梁」是表現了中華民族堅毅的精神。「堅毅」是指堅定有毅力，如大禹定下治理洪水的目標後，無論遇上甚麼困難，都堅定不移地去完成它。

大禹畫像

今天，我們喜歡以「逆境商數」(Adversity Quotient，簡稱 AQ) 來評估人們應付逆境的能力。一個 AQ 高的人會勇敢地面對困難，積極尋找解決方法；相反，一個 AQ 低的人，遇上困境時只會怨天尤人，自暴自棄。那麼，你的 AQ 又如何呢？

①出自魯迅的《故事新編・理水》。

禪讓與世襲

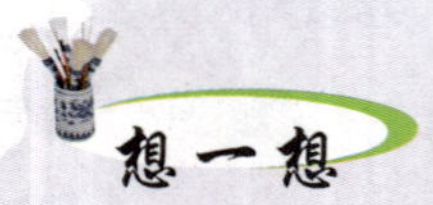

1. 你知道「禪讓制」和「世襲制」有甚麼分別嗎？
2. 你喜歡哪一種制度？爲甚麼？

堯舜禪讓

夏代以前，社會是採用「禪讓」的方式挑選王位繼承人的，讓賢能的人來管理天下。

王位禪讓

據説堯帝年老的時候，爲了繼承人的問題傷透了腦筋。堯帝的兒子丹朱性格狂妄，難當大任。於是，堯帝向各地發出公告，要大家推薦適當的繼任人。過了不久，百姓一致推薦以孝聞名天下的舜。

舜的生母早逝，父親瞽叟是個瞎子。後來，瞽叟再娶，並與繼室生了一個兒子名叫象。象的性情很兇殘。有一次，舜奉繼母之命去修理水井，他剛到達井底，繼母和弟弟就把石頭往井裏扔，想將他埋在井裏。幸好，舜憑著聰明才智，逃過劫難。雖然受到百般欺凌，善良的舜仍然孝順父母，疼愛弟弟。這種以德報怨的行爲，感動了天下百姓。堯帝經過多年的觀察，認爲舜確是賢能之士，決定把王位傳給舜。果然，舜即位後，勤政愛民，造福社會。

世襲制度

傳説舜帝晚年時，也仿照堯帝的方法，按照人民的意願，把王位傳給治水有功的大禹。大禹晚年時，把帝位傳給賢人益，益卻把帝位讓給禹的兒子啟，最後還是由大禹的兒子啟繼承了王位，開啟了中國歷史上王位「父子相傳」的先河[①]。從此以後，殷商、西周、秦漢乃至清朝，都承襲這種制度。各個朝代的王位均以子繼父位爲其特色，而且一般都是傳嫡長子。

世襲制的推行，也標誌著中國進入「家天下」的時代。如唐朝稱爲「李氏天下」、宋朝稱爲「趙氏天下」、明朝稱爲「朱氏天下」等。古書説：

普天之下，莫非王土，率土之濱，莫非王臣。

在世襲制度下，天下的土地、臣民都成爲君主一家的私有財產，形成「中國爲一人，以天下爲一家」的政治文化特色。

選舉權利

幾千年來，「世襲制」對中國政治產生了深遠的影響。可是，一般人更推崇的卻是「禪讓政治」，認為這種傳賢不傳子的制度體現了「天下爲公」的精神。孔子説：

大道之行也，天下爲公。選賢與能，講信修睦。

孔子提出，在堯舜時代，天下是百姓所共有的。百姓可以選擇賢能之士管治國家，人民講求信用並和睦相處。

今天，我們可以擁有選舉和被選的權利。例如上學的時候，我們可以參與班會和學生會的選舉活動；將來，在社會上，我們可以參與區議會和立法會的選舉活動，推舉有才能的領袖。因此，我們要好好珍惜這份權利，珍惜這些機會，積極參與各種界別的選舉活動。

---

①夏朝及商朝前期，王位的繼承一般是「兄終弟及」；「父子相傳」的制度在商朝後期才確立。

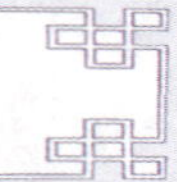

仁政與霸政

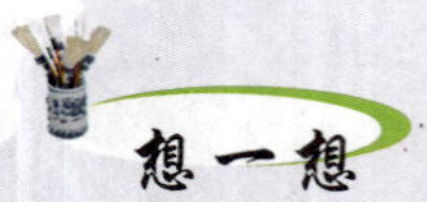

想一想

1. 你認爲怎樣才可以稱爲「仁君」呢?
2. 「以德服人」與「以力服人」會有甚麼不同的效果?

不忍之心

仁政是指甚麼呢?看一看以下的故事,就可以找到答案了。

齊宣王下令以羊易牛

據說有一天,齊宣王問孟子:「請問我可以成爲一位仁君嗎?」孟子肯定地回答:「當然可以!」齊宣王心裏充滿疑惑,孟子解釋說:「我知道有一次你叫人放了一頭準備用來祭祀的牛,換上一隻羊代替。」齊宣王回應說:「對啊!我是不忍心看見牛恐懼發抖的樣子,所以用羊來代替。」孟子安慰說:「我明白你的心意。你看見被宰的牛覺得不忍心,這就是你的仁愛之心。你對牲畜也有不忍之心,又怎會忍心看到平民百姓受苦呢?所以,只要你以這種不忍之心推行政策,你就可以成爲仁君了!」

以德服人

孟子提倡行仁政,曾經說道:

以不忍人之心,行不忍人之政,治天下可運之掌上。

「仁政」是由性善論衍生出來的,意思是說君主應該從人性固有的仁愛之心出發，推己及人，制定有利於百姓的政策。「以民爲本」是推行仁政的重要基礎，如果君主能以人民之樂爲樂，以人民之憂爲憂，重教化，輕刑罰，這樣自然可以使民心歸順，國家富強。

「霸政」，是與仁政相對而言的。孟子極力反對以力服人的霸政，認爲這樣會造成君主只考慮自己的利益，崇尚武力，輕啟干戈，殘害百姓，就如戰國時代，七雄互相攻城掠地，百姓苦不堪言，生靈塗炭。

孟子指出，以德服人，使鄰國來朝，對方自然誠心信服。相反，霸主利用武力來征服別人，對方只會假意俯首稱臣，而不會心悅誠服。

仁者無敵

孟子認爲人的行爲必須符合仁義的標準。有一次，齊宣王問孟子：「夏桀、商紂是君主，商湯、周武王是臣子，作爲臣子的去殺害國君，這是對的嗎？」孟子回答說：「我只聽説武王殺了一個殘暴不仁的商紂，没有聽説武王殺過國君啊！」由此可知，孟子認爲倘若君主施行霸政，殘害百姓，便失去作爲君主的條件，其他人便可以取而代之。

所謂仁政，是指政府施政以人民的福祉爲依歸，以民爲本。時至今天，儒家所提倡的「仁政」仍然有很大的借鑑意義，它警惕政府在制定任何政策時，人民的利益應爲首要的考慮因素。如果政府能以民爲本，國家自然可以安定繁榮。

百姓群起，反抗暴政

人治與法治

想一想

1.「人治」與「法治」有甚麼區別?
2.你知道法治的核心精神是甚麼嗎?

君主好惡無常

據説從前衛國的彌子瑕受寵於衛王，有一天，彌子瑕的母親病了，他爲了早一點回去探望母親，便假傳衛王的命令，説道：「衛王准許我乘坐君主的車子回家去。」按照衛國的法律規定，未獲准就使用君主的坐車，必受刖刑①。可是，衛王不僅没有處罰他，反而稱讚彌子瑕説：「他真是難得的孝子呀！」又一次，彌子瑕吃一個桃子，覺得味道真好，便留下另一半獻給衛王吃。旁人認爲這是不敬的行爲，衛王卻説：「彌子瑕真的很愛戴我，吃到甜美的食物，就想到獻給寡人。」後來，彌子瑕失寵，衛王再次想起這兩件事情，卻罵道：「彌子瑕曾經假傳命令，使用我的車子；又將吃剩下的一半桃子給我吃，真是太無禮了！」

彌子瑕把吃剩的半個桃子獻給衛王

彌子瑕的行爲，前後並没有兩樣，爲甚麼衛王兩次的評價卻完全相反呢？

①刖刑：古時候把兩腳割去的刑罰。

爲政在人

其實，這一切的改變都是源於君主個人的喜好和憎惡。古時候，中國的政治富有濃厚的「人治」色彩，君主擁有至高無上的權力，掌握著全國的行政、財政、司法和軍事大權。君主可以憑著個人的好惡任意提拔、賞賜和懲罰官員；對於既定的法令，君主也可以隨時改變或取消。簡言之，君主的話就是金科玉律，任何人不得抗旨。國家治亂興衰的關鍵在於統治者的賢能與否，而不在於法律。如果遇上賢君當政，天下百姓便會過著安居樂業的生活；若是碰上專制暴戾的君主，人民並不可以依循法律途徑，罷免君主。所以，古語有云：「暴君不亡，暴政不息。」古人只可以期待賢君的出現，拯救蒼生。

朝會時，君主面色威嚴，臣子低下頭

王子犯法與庶民同罪

中國有句古語：「王子犯法與庶民同罪。」意思是說，在法律面前人人平等，誰也不能例外。可是，在君主專制時代，法律規章對君主卻完全沒有約束力。

今天，講求民主與法治精神，排除人治的施政理念，是現代國家政治的發展趨勢。「法治」最核心的價值是以人爲本，尊重每一個人的權利和自由，當權者行使權力時必須依循一套客觀標準，不能因其個人的好惡和價值取向而有所偏差。此外，法律也可以保障弱勢群体和監察政府行使權力，法庭於審理案件時不受任何壓力，秉公處理。

健全的法律制度應能作爲一套準則，以規範人們的行爲。因此，我們要遵守法律，營造和諧公平的社會環境。

名號與避諱

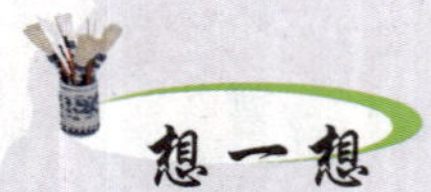

想一想

1. 你知道甚麼是「年號」、「廟號」和「謚號」嗎?
2. 爲甚麼「正月」的「正」讀音是「徵」呢?

謚號、廟號、年號

下列的名號都和乾隆皇帝有關，試加以配對:

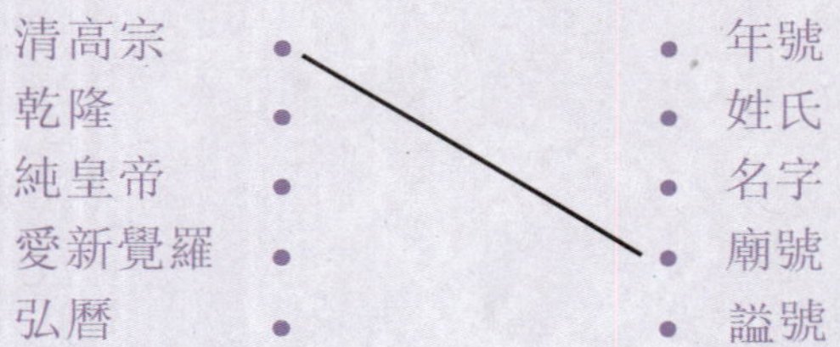

由上可知，中國古代帝王的名號十分複雜，名目繁多，除了姓氏和名字外，還有廟號、謚號和年號等。

「廟號」指帝王死後在太廟祭祀時所設的名稱。自漢以後，許多朝代的開國皇帝的廟號稱「祖」，如漢高祖、唐高祖、明太祖等。後代子孫繼位則稱「宗」，如唐太宗、宋英宗、元成宗等。

「謚號」是帝王死後依其生平事跡而評定的稱號，有褒貶之意。例如:文、武、成、昭、景、明是褒字;幽、厲、煬是貶字;殤、哀、悼等謚號表示同情且兼有不同程度的貶意。

「年號」是帝王在位紀年所立的名號。一般來説，年號總是取吉祥字，如宋太祖趙匡胤以「建隆」作年號，是期望辛辛苦苦建立的國家可以繁榮興盛。自漢朝至元朝，一個皇帝通常不止採用一個年號。武則天在位 15 年，先後採用了 17 個年號，變來變去，次數驚人。

武則天畫像

避之則吉

帝王爲了建立和維護至高無上的權威，規定臣民應避免直接説出或寫出君主的名字，稱爲「避諱」。例如：秦始皇名政，爲了避他的名諱，連「正月」的「正」也因讀音相同而要改讀「徵」音。又如東漢光武帝名秀，於是百姓以「茂」字代替「秀」字，把「秀才」改稱「茂才」。

後來，除了要避君主的名諱外，對於尊長之名也要避開。因為避諱的規定越來越多，也鬧出不少笑話。據説古時有個人姓「錢」名「良臣」，其兒子讀書時見有「良臣」二字，便改讀爲「爹爹」。有一天，讀《孟子》有「今之所謂良臣，古之所謂民賊也」的句子，其兒子就改讀爲：「今之所謂爹爹，古之所謂民賊也。」錢良臣聽後，真是啼笑皆非！

古代的時候，避諱原出於禮與孝，可是，繁複的避諱制度卻造成了名實上與文字上的混亂，如唐代避唐高祖李淵諱，改陶淵明爲陶泉明，便爲後人讀古書帶來不便。

歷史價值

面對古代繁複的名號和避諱制度，也許不少人都會感到煩惱，有所抗拒。其實，這些名號和避諱，對於我們認識中國歷史是很有幫助的。謚號有褒貶之意，因此我們可以從一個皇帝的謚號中，猜想他的政績或時人對他的評價。譬如説，隋朝的楊廣，在位期間荒淫奢侈，賦役繁苛，終致亡國。在他逝世後，時人乃加謚爲「煬」，可知臣民對楊廣的不滿。

此外，認識古代的避諱習俗，也可以幫助我們理解閱讀古書時所碰到的疑問。柳宗元的《捕蛇者説》最後一句是：

> 故爲之説，以俟夫觀人風者得焉。

文中的「觀人風者」是指古代採風問俗之人。人風，即民風、民情。那麼，爲甚麼作者不直接寫「民風」呢？原來，作者生於唐朝，唐代避唐太宗李世民諱，改「民」爲「人」。

古代的名號和避諱風俗，是中華文化獨有的特色。掌握有關知識，不僅能增加我們對中華文化的了解，更可以幫助我們閱讀古書。

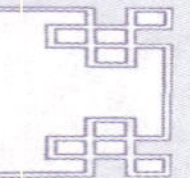

皇帝的秘書處

想一想

1. 爲甚麼明太祖要廢除丞相一職呢？
2. 你知道甚麼叫「內閣制」嗎？

明太祖廢相

明太祖朱元璋出身寒微，生性多疑，深怕當年跟隨他南征北伐的功臣有謀朝篡位的野心。爲了鞏固朱明皇權，朱元璋以不同的藉口把他們相繼除去。宋濂是明朝開國初期受明太祖重用過的人。有一次，宋濂設宴邀請親朋好友。第二天上朝時，明太祖問他昨天喝過酒没有，請了哪些客人，準備了哪些菜餚，宋濂只得一一如實回答。原來，宋濂宴請客人的情況，明太祖早已接獲通報。

明太祖畫像

爲了使皇位永固，代代相傳，明太祖更厲行君主集權政策。自漢朝以來，丞相的職責都是領導百官，輔助天子處理政事，參與決策，地位可以說是「一人之下，萬人之上」。明太祖深恐丞相職權過大，於是廢除丞相一職，並規定不再復設。丞相廢除後，相權併入君權之中，皇帝統領六部(吏、户、禮、兵、刑、工)，直接領導政府各部門，群臣只負責執行命令，不能參與決策，造成君主極權的局面。

內閣制形成

學者錢穆先生指出，中國傳統政治，到明代有了一次大改變，就是丞相的廢置和內閣制的產生。

明太祖廢除丞相後，親自處理政事。然而，天下事多繁複，舉例說，洪武十七年九月十四日至二十一日，短短八日間，全國送到皇宮裏的奏章竟有1,160份，涉及3, 291件事，只憑皇帝一人之力，實在難以應付。於是，明太祖設殿閣大學士，在君主左右以備顧問，兼掌詔誥，有起草詔令、票擬①批答等權，但一切要按照皇帝的指令。

明太祖設殿閣大學士，是內閣制度之始。至明成祖時設內閣，選大學士入值內閣，可參與機密，職權稍大；然而，奏章批答仍由成祖親自處理。明仁宗時，內閣制亦漸臻完備，大學士專任票擬，權位日漸重要，並以其中一人爲首輔，領導內閣，職同丞相。

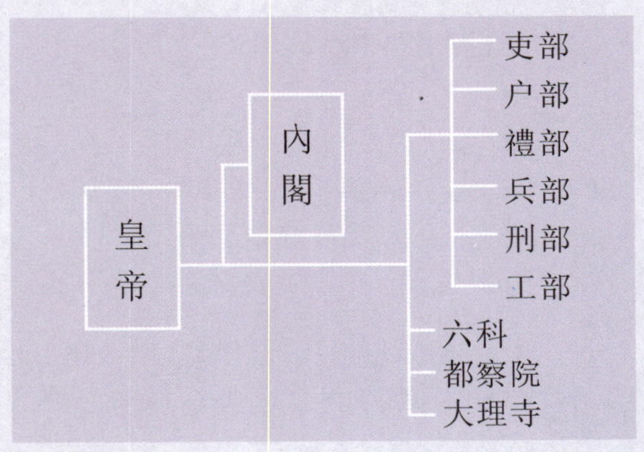

宦官專權亂政

明太祖廢除丞相，確實可以獨攬政權，但是，皇帝一人又怎能管理天下所有的事務呢？結果，爲明朝政權帶來負面的影響，造成宦官專權。內閣大學士的職責是票擬，再呈皇帝批紅②，本可填補皇帝因廢除丞相而乏人輔佐的不足，但遇上皇帝無心朝政，而內閣首輔有丞相之名，無丞相之實，缺乏行政權力，貼近皇帝的太監便有機會竊權。後來，有些皇帝更私下讓太監代爲批紅，結果引致宦官專權，政治日趨腐敗，加速明朝走上滅亡之路。

一個人的能力畢竟是有限的，君主要穩固政權，挑選賢能之士輔助自己是很重要的。同樣，同學要處理好班會、學會、學生會或其他需要集體行動的事務，能否建立一種良好的合作關係、發揮互助的精神也是至關重要的。

---

①大學士接到奏章，用小票紙條寫下對奏章的處理意見，供皇帝裁決，稱爲「票擬」。

②皇帝看過大學士所寫的小票，親用紅筆批下，名爲「批紅」。而批好的奏章拿出去，便是正式的諭旨。

地方行省制度

想一想

1.中國哪個朝代開始推行「行省制」？

2.「行省制」是甚麽意思？

廿二行省爲一家

決決哉我中華！
最大洲中最大國，
廿二行省爲一家。

以上詩句，出自梁啟超的《愛國歌》。梁啟超形容中國是「廿二行省爲一家」，你知道是甚麽意思嗎？原來，這首詩寫於1903年，當時中國行政區分爲22個行省。

民國以來，行政區的劃分幾經變化，但基本的格局則不變。今天，全國行政區有23省。參见下图：

中國行政區劃圖

除了23省外，還有5個自治區①, 4個直轄市②及兩個特別行政區③，把它們集合在一起，就成爲一個完整的中國版圖了。

元代的行中書省

那麼，「行省」是甚麼意思呢？爲甚麼要設立「行省」呢？要尋找以上問題的答案，我們就要追溯到元代了。

元朝統一全國後，元世祖有感於領土遼闊，民族衆多，於是決定在漢族地區和某些邊境地區，設置行省，以加強對地方的統馭。元朝在中國本部把大都和它鄰近的地區，劃歸中書省直轄，稱爲「腹裏」，在全國其他地區共設十一個「行省」，即嶺北、遼陽、河南、陝西、甘肅、四川、湖廣、江浙、江西、雲南、征東等。行省中的嶺北，是蒙古的發祥地，其地位僅次於腹裏，在其他行省之上。

行省作爲地方的最高行政機構，總領一省的政治、軍事、財政等大權，長官爲丞相，例由蒙古人擔任。元代行省制區劃清晰，組織完善，職權分明，是中國地方行政發展的新里程。

香港十八區

設立「行中書省」，是元代地方行政制度的一大特色，它對後代的地方政治有著重大的影響，如明清兩代的地方行政制度都是在元朝的基礎上略加改革。今天，中國依然有不同的省份，另設自治區、直轄市和特別行政區，希望這樣可以更有效地管治各地，使中央政府與地區建立良好的溝通機制。

回看香港這彈丸之地，也設立了18區。它們分別是：中西區、東區、南區、灣仔、葵青、北區、西貢、沙田、大埔、屯門、荃灣、元朗、九龍城、觀塘、深水埗、黃大仙、油尖旺和離島，這種分區法和行省制的精神是有共通之處的，政府於各區設立區議會，充當政府與市民之間溝通的橋樑，接受政府就有關地區管理和其他事務的諮詢。

無論是行省或者區議會，設立的目的都是爲了加強政府和地方的聯繫，便於推廣中央的政策和收集市民的意見。

---

①自治區：相當於省一級的民族自治地方。

②直轄市：由中央直接管轄的都市。

③特別行政區：中央政府劃定的實行不同制度的特別行政區域。

借古鑑今

想一想

1. 你知道中國有多少個朝代嗎？
2. 怎樣才可以做到「借古鑒今」呢？

朝代歌

民間流傳著一首《歷史朝代歌》：

唐堯虞舜夏商周，春秋戰國亂悠悠。
秦漢三國晋統一，南朝北朝是對頭。
隋唐五代又十國，宋元明清帝王休。

不同的朝代，爲中國古代歷史發展的進程，立下一個個清晰的標記。中國歷史上第一個朝代爲夏朝，其後共經歷了商、周（春秋戰國）、秦、漢、三國、兩晋南北朝、隋、唐、五代、宋、元、明、清各朝代。

朝代的名稱，是各個時期政權的國名或國號，一般以下列方法得來：第一，以政權所在地的地名作爲國名，如周朝因其先祖初興於周原而得名，秦朝國名源於其始祖居住的秦邑。第二，是將立國者在前一政權中享有的封號作爲國號，如李淵的祖父在北周時被封爲唐國公，他本人在隋朝承襲唐國公的爵位，建國後便以唐爲國號。第三，沿用歷史上已有的朝代名稱，如東漢末年，劉備自居漢皇室之後，建立政權，也命名爲漢，史稱蜀漢。

朝代		
夏		
商		
周	西周	
	東周	春秋時代
		戰國時代
秦		
漢	西漢　東漢	
三國	魏、蜀、吴	
西晋		
東晋	東晋	
十六國	十六國	
南北朝	南朝	宋、齊
		梁、陳
	北朝	北魏
		東魏
		北齊
		西魏
		北周
隋		
唐		
五代十國	後梁、後唐	
	後晋、後漢	
	後周、十國	
宋	北宋	
	南宋	
遼		
西夏		
金		
元		
明		
清		
中華民國		

中國歷史朝代表

分久必合，合久必分

俗語説：「唐朝美人，美人上馬馬不支；宋朝美人，美人上馬馬不知。」每個朝代在政治、經濟、軍事、教育、藝術、外交等各方面都有不同的風貌。

三國形勢略圖

《三國演義》的第一回開頭寫道：「話説天下大勢，分久必合，合久必分。」比喻世事變化雖無定，卻依物極必反的法則運行，就好像各朝各代的興亡更迭。例如：東周後半期處於列國混戰的局面，史稱「戰國時代」，當時天下出現了七個大國並立的局面，分别爲齊、楚、燕、韓、趙、魏、秦。其後，秦消滅六國，統一全國；可是，卻因政策苛暴，激起人民反抗，國祚只有 15 年。後來，劉邦打敗項羽，建立漢朝。東漢末年，曹操挾天子以令諸侯。曹操死後，曹丕迫獻帝讓位，東漢正式滅亡，天下又陷入分裂，史稱「三國時代」。由以上的例子，可知中國的歷史是經過分裂、統一、再分裂、再統一的過程。

以史為鑒

歷史是一面鏡子，可以讓人借古鑑今。唐太宗就是一個很好的例子。據説唐朝的時候，唐太宗下令修建洛陽宫，大臣張玄素上書説：「隋朝因大興土木，營建宫室，致使怨聲載道。如果陛下修築宫室，豈不是重蹈前朝的覆轍？」太宗接受了勸諫，下令停止修建洛陽宫。

歷史是前人經驗累積的寶庫。我們只要好好學習，並通過獨立思考，建立判斷是非的能力，就能夠汲取教訓，避免很多前人犯過的錯失。

單元六

6 歷史人物

一、統一天下的秦始皇
二、雄才偉略的漢武帝
三、從善如流的唐太宗
四、兼容並包的康熙帝
五、制禮作樂的周公
六、帝王之師——張良
七、鞠躬盡瘁的諸葛亮
八、義薄雲天的關雲長
九、先憂後樂的范仲淹
十、精忠報國的岳飛

統一天下的秦始皇

想一想

1. 誰是中國第一位皇帝?
2. 你認識小篆這種字體嗎? 它在文字發展史上起過甚麼作用?

中國第一位皇帝

李白的《古風》詩這樣說:

秦王掃六合，虎視何雄哉!
揮劍決浮雲，諸候盡西來。
明斷自天啓，大略駕群才。

秦始皇畫像

這首詩説的就是秦始皇嬴政積極招攬人才，調兵遣將消滅六國，統一天下的壯舉。據説當年一統天下後，全國上下都充滿著喜慶的氣氛，文武百官紛紛向秦王歌功頌德。秦始皇得意洋洋地說:「寡人一統天下，也應該更換一個特別的名號，不可再用『王』字。」他認爲自己功德遠超三皇五帝，於是，決定把三皇中的「皇」字和五帝中的「帝」字加起來，改稱爲「皇帝」。秦始皇説道:「寡人是第一個皇帝，就稱爲『始皇帝』。今後，繼位的子孫稱爲『二世皇帝』、『三世皇帝』，一直到千世萬世，傳之無窮。」

從此以後，「皇帝」便取代了「王」，成爲中國最高統治者的稱號，並爲歷代統治者所沿用。

確立中央集權，奠定中國版圖

秦始皇順應歷史的潮流，完成了統一中國的大業，廢除分封制，實行郡縣制。郡縣長官由皇帝任免，必須聽命於皇帝，爲皇帝負起管治地方的責任；中央則設置三公，即丞相、太尉和御史大夫，輔助皇帝處理全國的政治、軍事及監察等要務。三公之下，設置九卿，負責中央政府各部門的工作。三公九卿均由皇帝任免，從而確立了中央集權的政治體制。

秦始皇不僅統一了六國，還派兵北逐匈奴，收復河套地區；又南平百越，統一嶺南地區。通過南北兩面用兵，拓展了疆土，奠定了中國的版圖。同時，他還修建了舉世聞名的長城，對防禦北方外族的入侵，起了積極的作用。

統一文字和貨弊

我國的文字起源很早，但是在先秦時期，文字異形的現象相當普遍，同樣一個字，在不同的地方有不同的寫法。秦統一後，文字紊亂也給朝廷政令的傳達造成了困難。秦始皇採取了統一文字的措施，命李斯寫成小篆的範體，通行全國。文字的統一，爲中華文明的發展作出了積極貢獻。

春秋戰國時期，中國的貨幣制度十分混亂，不同國家貨幣的大小、形狀、輕重、計算單位各不相同。秦始皇統一中國後，鑒於貨幣的混亂給經濟發展帶來諸多不便，於是下令廢除各地的貨幣，規定全國統一使用黃金和銅錢兩種貨幣。黃金爲上幣，單位爲鎰（20 兩）；銅錢爲下幣，圓形方孔，單位爲半兩，因此稱爲「半兩錢」。貨幣的統一，大大地促進了經濟貿易的發展。

半兩錢

是聖是魔

對於秦始皇的功過，你有甚麼看法呢？

秦始皇具有傳奇色彩的一生，有人說他是千古一帝，有人卻說他是暴君，毀譽不一。究竟他是聖是魔？似難一語論定。但秦始皇的開創性興革措施，把中國歷史的發展推向一個新的階段，卻是後世所公認的。

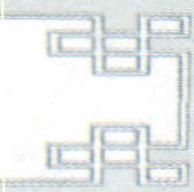

雄才偉略的漢武帝

想一想

1.「罷黜百家，獨尊儒術」的國策始於歷史上的哪個朝代？
2.你知道「士人政府」是甚麼意思嗎？

西通西域，北逐匈奴

漢武帝畫像

史家常說：「教自孔子成，政自始皇立，境自武帝定。」這是說：孔子爲後世的教育建立了良好典範，秦始皇制定了各種典章制度，而漢武帝劉徹則擴充了中國的基本版圖。

據説漢武帝年幼時，就已經顯示出他的聰明睿智。九歲時，他的父親景帝問：「兒啊，將來你能否治理好國家呢？」武帝充滿自信地回答：「一定。」景帝又問：「如果有人造反怎麼辦？」武帝回應：「我會率領大軍征討。父皇，我想學習騎馬。」景帝歎息說：「唉！我們就是因爲缺乏馬匹，才不敢攻打匈奴人。」武帝思索一會後，問道：「父皇，哪裏最多馬匹呢？」景帝回答：「西域的馬匹最多最好！」武帝說：「那麼我可以先征服西域，然後再對付匈奴人。」景帝聽後，十分高興，心想這個孩子將來一定可以成爲傑出的君主。

漢武帝即位後，派張騫出使西域①，開闢了西域交通，建立了漢朝與西域之間的關係，使西域與中原聯爲一體。武帝採取積極的措施，訓練大量的騎兵，派遣名將衛青、霍去病、李廣等，主動出擊匈奴，把匈奴逐往大漠以北。

---

①西域：漢朝時候，玉門關（今甘肅敦煌西北）和陽關（今甘肅敦煌西南）以西、葱嶺（今帕米爾高原和喀喇昆侖山）以東的天山南北地區，稱爲西域。

罷黜百家，獨尊儒術

西漢初年，以道家黃老無爲的思想爲指導，實行無爲之治，與民休養生息。推行的結果，經濟恢復並迅速發展，社會民生有所改善。但是，由於政策比較放任，產生了各種問題，如諸侯王勢力過大、土地兼併、匈奴入侵等，使中央政府面臨嚴重的威脅。漢武帝自幼受到儒學的薰陶，他認爲儒家提倡忠君愛國、尊王攘夷的思想，有利於治理天下，於是採納了儒生董仲舒的建議，推行「罷黜百家，獨尊儒術」的政策，以儒家思想作爲統治思想。

建立士人政府

儒學定爲一尊後，漢武帝在長安興建太學，設五經博士，傳授《詩》、《書》、《禮》、《易》、《春秋》五部儒家經典。此外，在地方上選拔優秀青年爲博士弟子員，跟隨五經博士學習，並定期舉行考試，成績優異者可以得到官職。漢武帝又下令郡國每年察舉孝子、廉吏各一人，推薦到中央任官。

自從漢武帝大量選拔儒生入仕後，政權不再由宗室和功臣壟斷，政府官員中儒生的比重愈來愈大，宰相亦多由儒生出任，漸漸形成以讀書人組成的「士人政府」。

漢武帝「罷黜百家，獨尊儒術」，對鞏固中央集權起了很大的作用。同時，儒學成爲學校教育的主體，儒家思想備受推崇，成爲漢以後二千年間的主流思想；儒家的綱常①名教成爲政教的主要內容，對中國人深厚的倫理道德觀念影響至爲深遠。

《詩》、《書》、《禮》、《易》、《春秋》書影

①儒家以「君臣、父子、夫妻」爲王道之三綱，即「君為臣綱，父爲子綱，夫爲妻綱」，而以「仁、義、禮、智、信」爲人倫之五常，概稱「三綱五常」。

從善如流的唐太宗

想一想

1. 你知道是誰開創「貞觀之治」的盛世嗎？
2. 「以人爲鑑」是甚麽意思呢？

以身作則

唐太宗畫像

唐太宗李世民是一位出色的政治家和軍事家，他在位23年間，懂得唯才是用，勵精圖治，開創中國歷史上難得一見的盛世，人人安居樂業，家家夜不閉户，史稱「貞觀之治」。怎樣才可創建繁華盛世呢？唐太宗認爲君主必須以身作則，他說：

> 爲君之道，必須先存百姓，若損百姓以奉其身，猶割股以啖腹，腹飽而身斃。若安天下，必須先正其身，未有身正而影曲，上治而下亂。

意思是說：作爲一國之君，必須以人民爲先。如果君主只求一己享樂，罔顧民生，就如同割股充飢一樣，肚子是吃飽了，生命卻奄奄一息。若要安定天下，就必須先端正其身，君主施政得當，體恤萬民，自然不會發生叛亂了！

廣納諫言

唐太宗不僅嚴於律己，更深明廣納諫言的重要，認爲這樣才可以真正體察民情，施行合適的政策。唐太宗一向以虛心的態度接受諫言，他說：

> 每有諫言，縱不合朕心，朕亦不以爲忤。

唐太宗能接納群臣的建議，集思廣益。據說有一次，唐太宗退朝回到後宮，怒氣衝衝地說：「我一定要把他殺了。」長孫皇后問道：「皇上，你要殺誰？」唐太宗說：「就是魏徵。這個村夫常常在殿上批評朕，叫朕顏面無存。」長孫皇后回答說：「妾身爲皇上感到驕傲！魏徵敢於直言進諫，是因爲皇上英明，肯接納臣子的建議。」太宗聽後，轉怒爲喜，不僅沒有殺魏徵，而且對魏徵更加器重。

魏徵畫像

唐太宗這種善於納諫的胸襟，形成一股開放的政風，使臣子勇於發表己見。這樣，既能集思廣益，合理施政，又能及時糾正缺失，改過遷善。

以人爲鑒

諺語說：「良藥苦口，忠言逆耳。」有益於人的諫言往往不中聽。可是，這些意見能令我們更了解自己的優點和缺點。唐太宗曾經這樣說：

> 以銅爲鑑，可正衣冠；以古爲鑑，可知興替；
> 以人爲鑑，可知得失。魏徵歿，朕亡一鏡矣！

唐太宗認爲以銅作鏡子，可以端正衣冠；用歷史作鏡子，可以知道天下興亡和朝代更替的原因；以人作鏡子，可以明白自己的得失。魏徵病死，唐太宗思念不已，歎惜自己失去了一面鏡子。

很多人不願意聽取別人的批評或意見，只喜歡讓別人順從自己，讚揚自己。這時候，唐太宗「以人爲鑑」的態度，可以爲我們帶來啟示。俗語說：「當局者迷，旁觀者清。」很多時候，我們往往很難發現自己的短處或缺點，如有人能提出具建設性的建議，我們又能以廣闊的胸襟接納，有助於把事情處理得更好。

兼容並包的康熙帝

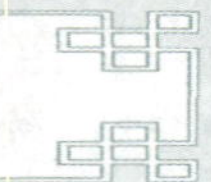

想一想

1. 你知道誰是中國歷史上在位時間最長的皇帝嗎？
2. 你能舉出一部康熙帝下令編纂的圖書嗎？

擒拿鰲拜

康熙帝畫像

康熙帝（1654—1722年）是清朝定都北京後的第二代皇帝，在位共61年，是中國歷史上在位時間最長的皇帝。時至今天，不少小說故事、電視連續劇或電影，都以康熙帝爲題材，爲他添上傳奇的色彩。

康熙帝八歲時繼承了皇位，由於年幼，朝政就由四位輔政大臣主持。其中，鰲拜不斷在朝廷廣樹黨羽，擅權專政，勢力強大，而本人武功又十分了得。康熙知道若想擒拿鰲拜，不能硬拼，只能智取。於是，康熙把自己僞裝成一個貪玩的青年，天天和年青的侍衛練習摔跤，不理政事。鰲拜看見這樣子，漸漸放下了戒心。

有一天，康熙事先讓侍衛做好準備，然後命人請鰲拜入宮。鰲拜大搖大擺而來，毫無防範，年輕的侍衛一擁而上，邀他摔跤，把他絆倒，捆綁起來。然後，康熙上朝宣佈鰲拜結黨營私、陷害賢臣、圖謀不軌等罪行，將其終身軟禁。

入鄉隨俗

滿族入主中國之初，遭到漢族人民的反抗。康熙帝明白不能

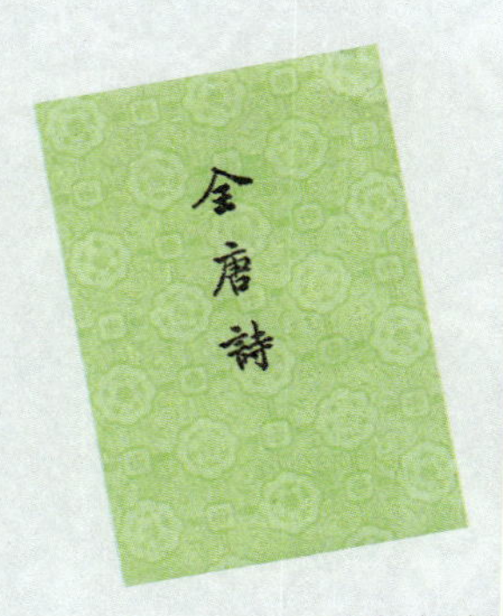

《全唐詩》、《康熙字典》

純用壓服的手段，單憑武力治理天下，更重要的是取得民心。於是，他推行一系列的「懷柔政策」，如實施輕徭薄賦，禮賢下士，擴充科舉等，以爭取漢人的好感。

俗語説：「入鄉隨俗。」自從西漢實行「罷黜百家，獨尊儒術」以來，儒學在中國政治思想上居於正統地位。因此，康熙帝亦努力學習漢文化，弘揚儒術。他不僅研讀《四書集注》、《尚書》、《周易》、《詩經》等，更親自爲孔子行三跪九叩大禮，親手書寫「萬世師表」四字讚譽孔子。康熙也下令編纂《全唐詩》、《古今圖書集成》、《古文淵鑒》、《康熙字典》等，推廣中華文化。崇儒重道的國策爲滿漢文化的融合奠定了基礎。

兼容并包

除了努力學習中華文化外，康熙帝也没有忽視漸漸傳入中國的西方文化。康熙對西方自然科學有著濃厚的興趣，他邀請傳教士教導數學、天文、曆法、物理、醫學等西方科技，無問寒暑，孜孜不倦。

康熙帝作爲滿族的統治者，面對漢族文化和西方文化，他不但没有排斥，反而以兼容並包的態度學習，對中西文化更提出了不少新的見解。康熙曾經集合西方傳教士和中國的學者，共同編制書籍，務求精益求精，融合中西文化的長處。

文化的蓬勃發展繫於爲政者兼容並包的胸襟。康熙的這種精神，很值得我們尊敬和學習。

制禮作樂的周公

想一想

1. 你知道成語「握發吐哺」的典故嗎？
2.「五禮」是指甚麼呢？

握髮吐哺

周公廟

有時候，我們會用成語「握髮吐哺」來比喻求賢心切。這個成語典故源於周公。周公生於距今約三千年前的商朝末年，姓姬名旦，是周文王的兒子，爲人聰明能幹，曾經協助哥哥武王打敗商紂王，建立周朝。後來，武王病逝，年幼的成王繼位，周公就肩負起輔助成王的責任。周公深明人才的重要，期望天下賢士能爲朝廷所用。據説周公每次洗頭髮的時候，若碰上要緊的事情，就馬上停下來，握著尚未梳理的頭髮處理公務；吃飯的時候，碰巧有賢士來，也會把來不及吞嚥的飯菜吐出來，先行接待他們。

可是，周公的弟弟管叔、蔡叔卻到處散佈流言，説周公打算謀害成王，篡奪王位。後來，他們更聯同紂王的兒子武庚發動叛亂。周公率領大軍東征，經過三年的作戰，終於把叛亂平定了。

制禮作樂

周公平定叛亂後，推行了一系列的新政策，希望可以鞏固國家的政權。其中，「制禮作樂」對後世影響至爲深遠。

周公積極推行禮樂教化制度，因爲禮是行爲道德的規範，而樂能調和性情、移風易俗，二者皆可用以教化人民，使社會安定祥和。「制禮作樂」的內容廣泛，以禮俗爲例，周人分爲吉、凶、賓、軍、嘉五禮。吉禮是指祀奉祖先之禮，凶禮是指喪葬之禮，賓禮是臣子上朝謁見君主之禮，軍禮是行軍訓練之禮，嘉禮是指飲食、賓射、饗燕、賀慶等禮節。這些禮樂制度，使人民能按照尊卑、親疏、貴賤、長幼的差別行事，從而穩定政治和社會的秩序。

到了春秋戰國時代，禮樂教化趨向衰微。孔子生當春秋末年，極力主張「克己復禮」，恢復禮樂文化，並爲禮樂教化增添了新的內容。後人合爲「周孔之教」，就是這個緣故。

盡忠職守

據説武王病危時，曾經想將皇位傳給周公，周公毅然拒絕，並許下諾言，協助年幼的成王管治國家。由平定內亂至制禮作樂，都反映了周公恪守承諾，竭盡所能輔助成王。雖然在輔政期間，周公遇上不少的困難，但他没有放棄，依然盡忠職守。其後，成王及康王在周公所奠定的基礎上，精心經營，締造了西周「成康之治」的盛世。

周公不貪戀權位，只盡責當一名宰輔，他協助成王治理國家的無私精神，一直爲後人讚頌。

周公這種鞠躬盡瘁、盡忠職守的精神，給我們帶來甚麼啟示呢？其實，在社會上，每個人都有自己的崗位，最重要是做好自己的本分，便是有用的人了。例如：我們參加學會、班會，不一定要當上主席，其他職位，如財政、文書、總務，雖然只是輔佐的角色，同樣非常重要，通過相互合作，團結一致，往往能夠發揮更佳的效率，把事情做得更好。

周公畫像

帝王之師——張良

想一想

1. 張良曾經協助誰奪取天下？
2. 孔子說：「小不忍，則亂大謀。」這是甚麼意思呢？

孺子可教

張良爲老人穿鞋

試想想，如果你走在街上，忽然有一個老人家很不客氣地說：「我掉了鞋子，你替我穿上。」你會不會幫助這位老人家呢？

據説有一天，張良看見橋邊坐著一個身穿黃色衣服的老人。那老人看見張良走過來，故意把鞋子扔到橋下，並且很不客氣地說：「小伙子，下去把鞋子撿來。」張良聽了有點不高興，但見他年紀老邁，便忍住了氣，下橋把鞋撿上來。正當他要把鞋交還老人的時候，卻又聽到老人說：「替我穿上。」張良心中氣憤，可是最後還是爲老人穿上鞋。

老人緩緩點了點頭，説道：「孺子可教。五天後，你到這裏來見我。」說完便轉身走了。五天後，張良來到橋上，誰知道老人已經先到了。老人說：「你遲到了，五天後再來這裏吧！」轉眼又過了五天，張良匆匆趕到橋邊，可是，老人已經在橋上了。老人生氣地說：「你又遲到了，五天後再來吧！」

張良汲取了前兩次的教訓，半夜就到橋頭等候。老人見了，滿心歡喜，便從懷裏取出一本名爲《太公兵法》的書交給張良說：「好好閱讀此書，它能幫助你成爲帝王之師。」説罷便飄然而去。此後，張良努力鑽研《太公兵法》，反復揣摩，終於精通各種謀略。

帝王之師

漢高祖劉邦曾經這樣稱讚張良：

> 夫運籌帷幄之中，決勝千里之外，吾不如子房。

運籌帷幄圖

秦末天下大亂，劉邦與項羽起兵反秦，張良成爲劉邦的首席謀臣。俗語説：「你有張良計，我有過牆梯。」張良憑著他的聰明睿智，往往能洞悉先機，採用正確的策略，幫助劉邦決戰決勝，奪取天下。

張良更時刻注意規諫劉邦，匡正立國之道。據説劉邦攻破秦朝首都咸陽時，被宮中的美女和珍寶所迷惑，只想留在秦宮中享樂，不理會其他將領的勸喻。張良看見了，便嚴正地説道：「你知道爲甚麽秦朝會覆亡嗎？就是因爲秦皇好大喜功，迷戀美色，致使民怨四起。如果您才進秦宮，就迷失在繁華聲色之中，豈不令天下人失望？」劉邦聽後，省悟過來，財物無所取，美女不接近。後來，在張良等人的輔助下，劉邦終於打敗項羽，建立漢朝。

小不忍，則亂大謀

張良能夠成爲帝王之師，《太公兵法》可以説是居功不少。可是，爲甚麽老人不直接把兵書送給張良呢？宋代文人蘇軾這樣説：「以爲子房才有餘而憂其度量不足，故深折其少年剛鋭之氣，使之忍小忿而就大謀。」原來，老人認爲張良是可造之材，但恐怕他年少氣盛，難成大事，所以，老人要先考驗一下他的品性。結果，張良憑著忍讓之心，而取得兵書，最後更建立一番功業。

這種「忍」的品行，正是儒家文化中所倡導的。孔子説：「巧言亂德。小不忍，則亂大謀。」今天，學校暴力事件日漸嚴重，不少學生因一時之氣，訴諸武力。其實，這是不能解決問題的，我們應該學習「忍」的真諦。處事的時候，「忍」能決斷大事；待人的時候，「忍」能與人為善。

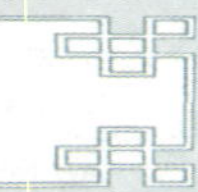

鞠躬盡瘁的諸葛亮

想一想

1. 你聽說過劉備三顧草廬的故事嗎？
2. 你知道誰是「扶不起來的阿斗」嗎？

智慧化身

草船借箭

一提起諸葛亮的名字，人們就會將他與「智慧」聯結在一起。的確，在諸葛亮的一生中，智謀軼事、「錦囊妙計」，不勝枚舉，如「草船借箭」、「三氣周瑜」、「空城計」等，家喻户曉，使人拍案叫絶。

「草船借箭」講的是在著名的赤壁之戰前夕，東吴大都督周瑜因妒忌諸葛亮的才能，想找個機會除掉他。有一天，周瑜對諸葛亮説：「軍中的箭不夠用，請先生在十天内造十萬枝箭。」這根本是天方夜譚。豈料諸葛亮卻回答説：「十天太多了，三天之内，我就可以交出十萬枝箭。」並立下軍令狀：「三日不辦，甘當重罰。」

於是，諸葛亮準備了20隻船，各船載有30多個士兵，船的兩旁放滿一捆捆稻草，並用布幔蓋著。到了第三天的深夜，江上忽然大霧瀰漫。諸葛亮率領船隊向曹操的軍營駛去。曹操聽見戰鼓雷鳴，人聲鼎沸，因重霧鎖江，怕有埋伏而不敢出擊，便下令弓箭手不斷向江中射箭，希望擋住敵軍。太陽出來了，霧漸漸散去，諸葛亮下令收隊。大家一看，船上的稻草已經插滿了密密麻麻的箭，有十多萬枝呢！周瑜知道諸葛亮的妙計後，歎息道：「諸葛亮的確比我高明！」原來，諸葛亮精通氣象學，他早已料定這一天夜裏有大霧。

千百年來，民間傳説把諸葛亮塑造成智慧的化身，加上羅貫中在《三國演義》中的形象塑造，他的神機妙算，深受人們的讚歎。

籌策三分

歷史上真實的諸葛亮，也確實是德才兼備的人。唐代大詩人杜甫對諸葛亮極爲欽佩，多次寫到諸葛亮，其中有一首詩是這樣的：

諸葛亮

諸葛大名垂宇宙，宗臣遺像肅清高。
三分割據紆籌策，萬古雲霄一羽毛。
伯仲之間見伊呂，指揮若定失蕭曹。
運移漢祚終難復，志決身殲軍務勞。

這首詩作中，詩人高度讚揚了諸葛亮的聰明才智和高尚品德。

諸葛亮，字孔明，號卧龍先生，是三國時期著名的政治家、軍事家。他自幼失去父母，由叔父撫養成人。長大後，在荊州襄陽郊外的隆中結草廬而居。後來，劉備三顧草廬，請諸葛亮出山相助。諸葛亮感念劉備的誠意，慨然應允。在著名的「隆中對」中，爲劉備分析當時的形勢，定下三分天下之計，即聯合東吴的孫權，共同對付北方的曹操，佔領荊州和益州作基地。後來，時局基本上循著隆中對策發展，諸葛亮輔佐劉備取得荊州和益州，與曹魏、孫吴三分天下，建立了蜀漢政權。

「三分割據紆籌策」，說的就是以上的歷史事實。

恪守諾言

諸葛亮雖然未能完全復興漢室，但他「鞠躬盡瘁，死而後已」的精神，一直爲後人所景仰。爲甚麼諸葛亮會如此盡忠職守呢？

原來，這是源於一個諾言。據説劉備臨死時，召諸葛亮吩咐道：「你的才能勝過曹丕十倍，必能協助稚子興復漢室。如果我的兒子值得輔佐，請多費心；若是不才，你可以取而代之。」諸葛亮回答說：「臣一定竭力盡忠扶助新君，至死不渝！」結果，諸葛亮窮一生的心血，盡力匡扶後主劉禪。即使劉禪資質平庸，是「扶不起來的阿斗」(劉禪的乳名)，諸葛亮仍然遵守諾言，鞠躬盡瘁，死而後已。

信守承諾不單是對別人負責，同時也是一個人的立身之本，這一點我們應該時刻謹記。

義薄雲天的關雲長

想一想

1. 爲甚麼關羽的臉是紅色的？
2. 怎樣才可以稱之爲有「義氣」呢？

紅臉關公

關羽畫像

三國名將關羽，字雲長，是個家喻户曉、備受敬仰的人物，人們尊稱他爲「關公」、「關帝爺」或「關聖帝君」。可你知道爲甚麼關羽的形象是丹鳳眼、臥蠶眉，面如重棗嗎？

話説關羽年輕的時候，力氣很大，但脾氣暴躁。一次因爲打抱不平，出了人命，官兵到處捉拿他。關羽跑到一片紅棗林裏，看管棗林的老人家説道：「小伙子，你願意不願意幫我看管棗林呢？這樣，你就可以避開官兵的追捕了。」關羽高興地答應了。

俗語説：「靠山吃山，靠水吃水。」關羽每天都吃紅棗、喝紅棗水，甚至用紅色的河水洗臉。天天如此，最後關羽的臉就變紅了！同時，關羽恐怕有人偷竊紅棗，因此，他睡覺的時候，眼睛總是半睜半閉，似睡非睡。日子長了，就變成了丹鳳眼和卧蠶眉，眼睛瞇成一條綫。自此以後，關羽的臉相就成了這個樣子。

仗義護嫂

關羽身手敏捷，武功了得。他在桃園與劉備、張飛結義，三人共誓：「不求同年同月同日生，只願同年同月同日死。」綜觀關羽一生，他確實堅守著這份兄弟情義，不爲美色所動，不爲財物引誘。

古書説道：

威傾三國著英豪，一宅分居義氣高；
奸相枉將虛禮待，豈知關羽不降曹。

有一次，劉備被曹操打敗，關羽爲保全劉備的家眷，權且歸順了曹操。曹操敬重關羽爲人忠義守禮，一心要將他收爲己用。爲了離間關羽和劉備的關係，曹操故意安排關羽與兩位嫂嫂同室而居。關羽洞悉曹操的居心，他半步也不踏入嫂嫂卧室，挑燈按劍，夜讀《春秋》。曹操聞報後，深受感動。曹操又命人挑選最好的錦緞，縫製一件戰袍送給關羽，豈料關羽總是把新戰袍穿在裏面，而把劉備送給他的綠袍穿在外面。曹操一臉疑惑。關羽解釋道：「這件綠袍雖然比較舊，但它是劉皇叔(即劉備)送給我的。我穿著它，看見它，就好像看見兄弟一樣，不會忘記我們的誓言和情誼。」曹操聽後，悵然若失。其後，曹操對關羽仍然優禮有加，極盡籠絡之能事，可是都不成功。

享祀千秋

自古以來，歌頌關羽的文字不計其數，如「身在曹營心在漢，功同日月義同天」、「英雄有幾稱夫子，忠義惟公號帝君」等。關羽與劉備、張飛的結盟就是一個「義」字。「關公廟宇遍天下，五洲無處不焚香」，關公的「義」打動了平民百姓的心靈，無論在茶樓、居所、廟宇、警察局等地，我們都不難找到關公的供奉像。

究竟甚麼行爲才符合「義」呢？古人説：「義者，宜也。」又説：「行而宜之之謂義。」原來，義是解作適宜、正當的行爲。人們從關羽身上發現了「義」，並以此作爲行爲準則和規範。

今天，「義」已經成爲一種交友之道，意思是説對朋友親如手足，休戚相關。當朋友遇上困難時，會互相扶持和鼓勵；當朋友誤入歧途時，會幫助他改過遷善。

關帝廟

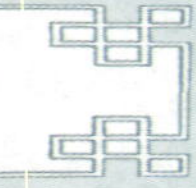

先憂後樂的范仲淹

想一想

1. 你知道誰有「儒臣典範」之稱嗎？
2.「先天下之憂而憂，后天下之樂而樂」是甚麽意思？

少懷壯志

范仲淹，字希文，是北宋傑出的政治家和文學家。他曾經寫下一首詩，題爲《蚊》：

飽似櫻桃重，飢如柳絮輕。
但知求朝暮，休更問前程。

范仲淹畫像

詩中首二句寫出蚊子吸飽血時，身體如櫻桃渾圓多汁，飢餓時則如柳絮般輕盈；後二句寫蚊子平常只想著吸血，不問前程。詩人欲通過蚊子的生活，諷刺那些無所事事，但求飽腹的庸人。

范仲淹小時候已經立下宏願，要幫助天下百姓，改善民生。爲了達成目標，范仲淹經常挑燈苦讀。冬夜讀書倦怠時，就用冷水澆臉，驅除睡意。那時候，由於生活貧窮，范仲淹只能以稀粥充飢，常常吃不飽。

面對如此艱辛的生活，范仲淹並没有放棄自己的理想，經過多年的寒窗苦讀，他終於通過科舉考試，出將入相，爲國家作出貢獻。

銳意改革

北宋時，京師盛傳「朝廷無憂有范君，京師無事有希文」的佳話。范仲淹認爲爲官者，要以天下爲己任，一切以百姓爲先，不可自私自利。他眼見北宋政治漸趨腐敗，於是提出一系列的政治改革措施：制定官吏升降制度，整治軍備，興修水利，鼓勵農耕，減輕徭役等，史稱爲「慶曆變法」。

范仲淹爲了澄清吏治，親自整理全國官員名單，將那些任事不力的朝廷官員一一勾除，委任新官員上任。這做法引起不少官員的非議，有個官員説道：「你揮筆勾去一些庸員，自然容易得很。可是，這些被勾去的人一家可都要哭了。」范仲淹聽了，憤慨地説：「一家哭總比全國百姓哭好啊！」范仲淹鋭意改革，認爲不要因個人的利益而忘記天下民生的苦難。

先憂後樂

先天下之憂而憂，後天下之樂而樂。

這句名言出自范仲淹的《岳陽樓記》，意思是説爲官者在人民感覺到禍患出現之前，自己替他們擔憂；在人民得到快樂之後，自己才快樂。這兩句話概括了范仲淹一生所堅持的爲人原則。政治上，范仲淹推行一系列改革，爲國家培育人才；生活上，他治家嚴謹，衣食儉樸，而對貧窮的百姓，則推己及人，改善民生。這種超越了個人憂樂的精神，一直爲後人所推崇。

今天不少人喜歡從「自我」的角度待人接物，器度小、計較多，只懂得要求別人爲自己付出。例如：父母含辛茹苦地養育子女，不少人不僅不懂得感恩，有時候還會責怪父母未能提供豐富的物質生活。其實，人類過的是群體生活，如果要建立和諧的人際關係，就不能以「自我」爲中心，而應學習分擔他人的憂戚，顧及他人的感受。

岳陽樓内《岳陽樓記》全文木雕屏風

精忠報國的岳飛

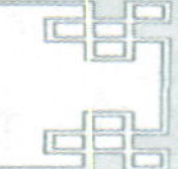

想一想

1. 秦檜是用甚麼罪名殺害岳飛的？
2. 你認同岳飛的忠君行爲嗎？爲甚麼？

鵬程萬里

由南宋開始，便有不少人寫詩撰文紀念岳飛。陸游有詩曰：

> 公卿有黨排宗澤，帷幄無人用岳飛。
> 遺老不應知此恨，亦逢漢節解沾衣。

詩人慨歎岳飛不爲朝廷重用，其後更蒙受「莫須有」的罪名。

岳飛塑像

岳飛爲南宋抗金名將，曾經爲朝廷立下不少汗馬功勞。他幼年時，已立下宏願要報效國家。

據說岳飛出生的那一天，有一隻大鵬從東南飛來，落在他們家屋頂上鳴叫。岳飛的父親感到驚訝，認爲這是個吉兆，就給嬰兒取名爲「飛」，字「鵬舉」，期望他日後能鵬程萬里，貢獻國家。

岳飛自幼天資聰敏，不論是習武修文，都取得驕人成績。有一天，岳飛的父親問道：「如果日後你有施展才能的機會，你會不會爲國捐軀呢？」岳飛毫不猶疑地回答：「只要父親支持，我一定勇敢地面對。」父親高興地說：「太好了！我有這樣的兒子，還有甚麼值得憂慮呢！」傳說岳飛的母親在他的背上刺上「精忠報國」四字，鼓勵他要竭心盡力，報效國家。

撼山易，撼岳家軍難

岳飛二十四歲那年，即公元1127年，北邊女真族建立的金國起兵南下，滅了北宋；宋高宗趙構建立南宋，定都東南的臨安（今浙江杭州）。岳飛在北宋末年從軍。及至南宋初年，岳飛在抗金戰爭中奮勇作戰，屢立大功，成爲一員統兵大將，並訓練出一支英勇善戰、紀律嚴明的「岳家軍」。金兵一聽到「岳家軍」的名字，或望見「岳家軍」的旗號就害怕，哀歎：「撼山易，撼岳家軍難。」

公元1141年，金將兀朮再次大舉南侵，岳飛迎擊於郾城（在今河南省），大破其主力騎兵拐子馬，取得郾城大捷。岳飛率領大軍乘勝追擊，收復了不少失地。他激勵將士說：「我們當直搗黃龍府（金國的發祥地），再與大家痛飲一番！」

「莫須有」冤獄

正當岳飛節節勝利之際，宰相秦檜串通其他大臣唆使高宗下令岳飛班師回朝，岳飛説道：「現在天時地利人和，皆有利於我軍，怎可以退兵呢？」岳飛拒絕要求。可恨的是，秦檜並不罷休，慫慂高宗一連發出十二道金牌，催促岳飛退兵。岳飛逼於無奈，只得退兵。不久，已經收復的土地，又再次被金兵佔領。岳飛回朝後，被削去兵權，以「莫須有」的罪名被殺害。

是不是「愚忠」

「莫須有」三字，使一代抗金名將含冤而死，後人痛心不已。千百年來，「精忠報國」的精神，觸動了不少人的心靈，對岳飛充滿景仰之情。

古時候，君主被視爲「天下蒼生父母」。古語說：「皇命不可違」、「君要臣死，臣不死不忠」。岳飛幼年的時候，就深受這種忠君思想的影響。因此，儘管他希望北定中原，但在「忠君」思想的支配下，也只好班師而還。

對於岳飛的「忠君」，有人給予讚許；也有人批評這是「愚忠」，認爲岳飛不必聽從詔令，枉自送死。你又有甚麼看法呢？

單元七

學術思想

一、百家爭鳴
二、萬世師表
三、「亞聖」孟子
四、老子的「無爲」
五、莊子的超然物外
六、墨子主張「兼愛」「非攻」
七、韓非子集法家之大成
八、董仲舒的「天人感應」説
九、理學集大成者朱熹
十、新文化運動

百家爭鳴

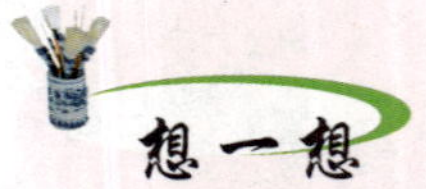

1. 你能說出「九流十家」中影響較大的是哪四家嗎？
2. 爲甚麼說春秋戰國時代是我國學術思想發展的黃金時代？

管鮑之交

春秋初期，管仲和鮑叔牙從小就是好朋友。當時，齊國發生內亂，公子糾和公子小白爭奪齊國君主之位。管仲協助公子糾，鮑叔牙則協助公子小白。管仲想殺掉公子小白，讓公子糾能順利當上國王，可是管仲在暗算公子小白的時候，把箭射偏了。後來，公子小白當上了齊國的國王，是爲齊桓公。他有意封鮑叔牙爲宰相，鮑叔牙卻對他說：「管仲各方面的能力都比我強，是一個不可多得的人才，應該請他來當宰相才對呀！」

齊桓公說：「管仲要殺我，是我的仇人，你居然叫我請他來當宰相！」

鮑叔牙卻說：「這不能怪他，只不過是各爲其主罷了。」

齊桓公聽從鮑叔牙的建議，捐棄了前嫌，請管仲回來當宰相，而管仲也真的幫齊桓公把齊國治理得井井有條。管仲病重臨終時向齊桓公推薦了一位叫隰朋的大臣繼承他的職位，有人便在鮑叔牙面前挑撥說：「你待管仲恩重如山，可他臨死都不報答你這一份情，這人太薄情寡義了。」鮑叔牙卻笑著說：「這才見得管仲對齊國的忠誠呢。他知道我不合相輔的資格，這是以國事爲重呀。」當晚，鮑叔牙帶著管仲小時候喜歡吃的點心去探望他，管仲用微弱的聲音斷斷續續地說：「生我者父母，知我者鮑子。」成語「管鮑之交」的典故就是出自這裏，後人稱管仲和鮑叔牙的交情爲天下第一朋友之情。

九流十家

春秋時期，周天子地位下降，諸侯和卿大夫權力日盛。各諸侯務求擴張自己的勢力，都想招攬人才，齊桓公把曾想殺死自己的管仲收爲己用，大概就是認爲他有才幹。有才幹的人一經賞識，便可以成爲大臣，所以聰明才智之士便周遊列國，憑自己的主張遊説諸侯，希望獲得採用，於是出現百家爭鳴的時代。加上平民教育興起，學在官府的傳統被打破，由官家世代掌管的典籍散落民間，私人講學風氣日盛，人才不斷湧現。當時，諸侯各自爲政，對於思想言論，放任自由，鼓勵不同學派抒發治國濟世的思想，樂於兼聽。又適逢都市興起，各國的都城，既爲政治中心，也爲經濟、文化中心，聚集了各種人才，於是促進了學術爭鳴與思想交流。在這樣的背景下，各派各家的思想得以充分發展。

禮賢下士

坐而論道

春秋戰國的學派很多，著名的有所謂「九流十家」。「九流」即九個派別：儒、道、墨、法、陰陽、名、縱橫、農、雜；九流之外再加上小説家，便成爲「十家」。當中最重要的是儒、道、墨、法四家。

思想自由

春秋戰國時代，思想言論自由，諸子百家爭鳴，乃是我國學術思想發展的黃金時代。當時，各種學説紛紛湧現，君主對思想言論沒有抑制，可以自由發表，互相辯論；因而在這個時代，出現了中國具有極大影響力的思想家，如孔子、孟子、老子、莊子、墨子、韓非子等，他們都是春秋戰國時期的人，共同造就了中國文化思想燦爛的局面。

萬世師表

1. 你知道「仁」是甚麽意思嗎？
2. 爲甚麽後人尊奉孔子爲「聖人」？

苛政猛於虎

有一天，孔子經過泰山，看到一個少婦在墳墓前放聲痛哭。孔子説：「子路，你過去看看發生了甚麽事情。」子路便走過去問個究竟，少婦哭著回答：「我的公公、丈夫和兒子都先後給老虎吃掉了。」孔子深感同情，問道：「那麽，爲甚麽你不離開這個可怕的地方呢？」少婦回答説：「因爲這裏没有苛刻殘酷的政治。」孔子聽説後，十分慨歎，對他的弟子説：「你們要謹記，對老百姓來説，苛刻的政治比老虎還可怕。知道嗎？」

面對春秋末期社會動蕩不安的局面，孔子提出「仁」的學説。何謂「仁」呢？孔子曰：「愛人」，即要求人人以真情和愛心關懷他人，尊重他人，由親及疏、由上及下，建立和諧的關係。孔子認爲，如果君主能以人民之樂爲樂，以人民之憂爲憂，懂得重禮樂教化、輕刑罰以治理天下，這樣自然可以使民心歸順、國家富強。

注重禮教

孔子（前 551 —前 479 年）名丘，字仲尼，春秋時期魯國人。

孔子小時候喜歡模倣大人拜祭鬼神，用泥土和野生花果做成祭品，練習行禮。長大後，他在魯國曾經擔任過小職員，負責看管倉庫；也曾短期内擔任較高的職務——司寇，負責社會治安。

後來，孔子開始授徒講學，成爲私學的創始者，先後有弟子約三千人。孔子爲了宣揚自己的學說，曾經和他的學生周遊列國十四年，但是得不到各國君主的賞識。返回魯國時，孔子已經六十八歲了。他決定專心從事教育工作，並整理删定了《詩》、《書》、《禮》、《樂》、《易》、《春秋》等書，後人稱爲「六經」。

由孔子創立的儒家學說，後來成爲對中國文化影響最大的學派之一；記載孔子言行的《論語》，則被後世奉爲經典。

孔子畫像

萬世師表

孔子是中國古代偉大的思想家和教育家，他說過很多至理名言，今天我們仍然把它們視爲修身處世的格言，如「克己復禮爲仁」、「己所不欲，勿施於人」、「有教無類」、「學而不厭，誨人不倦」、「三人行，必有我師」、「欲速則不達」、「工欲善其事，必先利其器」等。後人盛讚孔子爲「千秋仁義之師，萬世人倫之表」，尊奉他爲「至聖先師」。

孔子教導學生遇上疑難時，要勇於發問，不必感到羞恥，他說：「敏而好學，不恥下問。」意思是說：聰敏靈活而愛好學習，謙虛下問而不以爲恥。這種「不恥下問」的精神是很值得我們學習的。

今天，有不少年輕人會懷疑自己的才能，缺乏自信心，放棄學業。孔子曾經這樣說：

> 後生可畏，焉知來者之不如今也？

孔子認爲年青人是不可以小看的，因爲没有人敢斷定他們將來的成就不如現在的人。因此，我們不要輕視自己，而應勤奮好學，拓寬視野，豐富自己，創造美好的前程。

「亞聖」孟子

1. 你知道爲甚麼孟子有「亞聖」之稱嗎?
2. 你認爲人性是善的、惡的，還是有善有惡的，抑或是無善無惡的呢?

人性和流水

戰國時期，有一次，孟子和告子進行辯論:

告子説:「人性就像流水:決口在東方，就向東流;決口在西方，則向西流。也就是説人性無分善惡，好像流水無分東西一樣。」

這就是告子的主張:人性是無善無惡的。他把人性的自然屬性一面看成人性的全部內容，混淆人與動物在本質上的分別。

但孟子卻説:「流水無分東西，但連上下也不分嗎?人是性善的，就好像水向下流;人沒有不是性善的，就好像水沒有不向下流的一樣。」

這是孟子的「性善説」。孟子既看到人性的自然屬性一面，也看到社會環境、人文教化對人性善惡的影響。

人性本善

告子説:「食、色，性也。」意思是，人先天有食慾和性慾要求，這是人性。告子這樣説當然有他的道理。孟子其實也同意動物本能是人先天便存在的特點。人當然有動物本能，人當中自然有行惡的人，這些都是事實，但孟子更强調的是人應該如何使自己向善，因爲人性本善，只要加以擴充，自然能夠爲善。

孟子的主張是「人可以行善」,「人應該行善」。孟子關心的不是人的動物本能是甚麼，他也不否認人有動物本能，但認爲人的動物本能不是最重要的，人最應關心的是如何行善的問題。

所以孟子不用動物本能作爲人性的代表，不贊成告子的主張，而是強調自己主張的「人性本善」。因爲人是性善的，人才會行善，人才會做一個好人，人的品德才會得到提高。孟子主張人應把人性的光輝發揮出來，提升自己的品德，做一個堂堂正正的人。他是以仁、義、禮、智的人性善端作爲人的本質，而以取義成仁爲人的最高價值追求來實現善性的完美。

承傳孔子學説

孟子所處的戰國時期，社會秩序較孔子所處的春秋時期更加混亂，學術思想派别也多。孟子要發揚孔子的思想，要面對很多挑戰的對手，並展開辯論，但也正由於激烈的辯論，使儒家學説得到進一步弘揚。

中國文化以儒家思想爲主導。孔子確立了儒家思想體系，有「聖人」之稱，但使孔子的學説成爲主流，則很大原因是孟子繼承了孔子的學説，並在理論方面展開了多方面的闡述，爲儒家思想提供了理論根據。在學術史上，孟子的地位僅次於孔子，贏得了「亞聖」的稱譽，後世以「孔孟」並稱。

聖人孔子

亞聖孟子

老子的「無爲」

想一想

1. 你知道甚麼是「無爲」的思想嗎？
2. 你認爲怎樣的人生態度才是可取的？

「有爲」和「無爲」

老子雕像

老子是一個神秘人物①，我們現在所説的老子思想，是根據《老子》(即《道德經》)一書而來的。

「無爲」是老子思想中一個最重要的部分，有些人以爲「無爲」等於甚麼都不做，其實這樣的看法是不正確的。老子的「無爲」思想，是要我們去掉那些牢固的自以爲「有用」的觀念，讓我們看見事物更真實的一面。只要我們放棄「有爲」的追求，便能達到「無爲而大爲」的境界。

爲甚麼老子要説「無爲」? 因爲他看見春秋戰國時的老百姓都生活在痛苦之中，他想爲人們減輕痛苦，所以首先要找到痛苦的根源。老子認爲痛苦的根源是人太過「有爲」，總是想做一些自己認爲很重要的事，其實這些事並不如想像中那麼重要。

「有爲」便有痛苦，若要減少痛苦，便要「無爲」，不要執著於一些自以爲有用和有意義的事情。「無爲」並不是甚麼都不做、没有動機地去做，而是不妄做、不執著結果去做；更確切地説，是遵循自然法則而做。

---

①老子的生平事跡在史籍上没有確切的記載。相傳他姓李名耳，爲春秋時代楚國人；曾任東周的史官，晚年退隱，著有《老子》一書，亦稱《道德經》。

大樹的故事

人們在大樹下乘凉

同是道家代表人物的莊子，曾多次引用大樹的譬喻，說明「無用之用」的意義：大樹無所用，所以得享天年，不遭砍伐。從某種意義來說，正是《老子》「無爲而無不爲」的另一種表述。莊子是這樣說明事物「有用」和「無用」的道理的：一個木匠帶領一班學生路過一個村落，看見有棵大樹，樹下有很多人在乘涼，這棵樹庇蔭著村民。木匠沒有多看一眼便走過去了。學生們很奇怪，問老師爲甚麼這麼大的木材也不仔細看看，可能它很有用呢。老師解釋說，一看便知道這棵樹的木材是沒有用的；如果這棵樹是有用的木材，它早已不存在了，哪會長成這麼大，給人庇蔭？就是因爲它沒有甚麼用場，所以才會長得這麼大，才可以長壽，才可以給村民庇蔭。這個道理正是老子「無爲而無不爲」的最好注腳。

尊重自然法則

老子認爲如果我們能夠順從自然規律辦事，則天下沒有甚麼事情是做不好的。他很明確地說，要想明白天下事物的成因、原理，要想認識客觀規律，就必須認真歸納思考，如此才能做到見一知百、觸類旁通。天下事的道理雖然千千萬萬，但歸根結柢，一切都要按照自然規律辦事，而不能自行其是，如此即可達到「無爲而無不爲」的境界。

老子的學說以尊重自然法則爲核心精神。春秋戰國之際，戰爭頻仍，社會動蕩，人民盼望能安居樂業，老子所提倡的「無爲」，正是當時治理天下的方法之一。

老子和孔子的學說，一隱一顯，成爲中國學術思想的兩大主流。

莊子的超然物外

想一想

1.「老莊」是一個人的名字，還是兩個人的並稱？
2.你能說出莊子學說中一個有趣的故事嗎？

知魚之樂

知魚之樂

有一次，莊子和惠施在濠水的橋上走過。

莊子說：「魚兒從從容容地游來游去，真是快樂啊！」

惠施說：「你不是魚，怎會知道魚兒快樂呢？」

莊子說：「你不是我，你怎會知道我不知道魚兒的快樂呢？」

惠施說：「我不是你，自然不知道你；同樣，你也不是魚，你自然也不會知道魚兒的快樂。」

莊子說：「我們還是從開始那兒說起。當你說『你怎會知道魚兒快樂』時，就已經知道我是知道的，所以才會這樣問我。其實我先前在橋上的時候已經知道了。」

詭辯有術

大家應該聽過以上的辯論吧。惠施和莊子的討論很有意思，惠施的論證是這樣的：

論證一

大前提：惠施不是莊子。

小前提：不是莊子不會知道莊子的感受。

結　論：惠施不知道莊子的感受。

論證二
大前提：莊子不是魚兒。
小前提：不是魚兒不會知道魚兒的感受。
結　論：莊子不知道魚兒的感受。

如果論證一有效，則論證二也有效。

惠施用的是「三段論」的論證方法，思路很有邏輯，莊子在這方面説不過他。所以莊子最後運用了詭辯的方法，指出其實在討論一開始，惠施便已知道他的感受才會這樣問，這説明了惠施是知道莊子感受的，只是不知道他怎樣得知。

物我之間

從上述的對話中，我們也可發現，在莊子的思辨哲學中，對相對事物或現象的普遍關注，以及對相對事物之間的依存關係有深刻的理解。換個角度來説，對任何事物的認識及判斷，都要求全面，不能片面。莊子認爲只要我們不囿於自己的眼界，打破物我之間的界限，就能夠更清楚地認識個人和大自然之間的關係。例如我們看見一棵松樹，在人與物的對立狀態下，只會看到它是一棵樹，而我只是一個觀察者。但當我們放棄了這種對立狀態時，便會發現我們和這棵樹是在同一個世界中的，而不是對立的。當你在這種渾然忘我的境界中來欣賞這棵樹的美態時，你便進入了莊子「知魚之樂」的境界了。

莊子畫像

今天的社會，人們比較注重科學知識，凡事分爲研究對象和研究者，人和世界處於對立的關係，因此忽略了人和人、人和世界本來就具有的和諧關係，使人與人之間造成隔膜。我們是不是也可以學莊子那樣，超越物我之間的關係來看待萬事萬物呢？

墨子主張「兼愛」「非攻」

1. 你知道「非攻」是甚麼意思嗎？
2. 你認爲怎樣才可以實踐不分親疏的「兼愛」？

止楚攻宋

春秋末年，諸侯相互攻伐兼併，墨子主張「非攻」，希望各國能夠放棄戰爭。有一年，楚國打算攻打宋國，墨子聽到這個消息，就急忙地親自跑到楚國去，力圖制止戰爭的爆發。一路上，墨子沒有停下來休息，跑得腳底起了泡，出了血，他唯有把自己的衣服撕下裹著腳走。這樣奔走了十天十夜，終於來到楚國的京城。

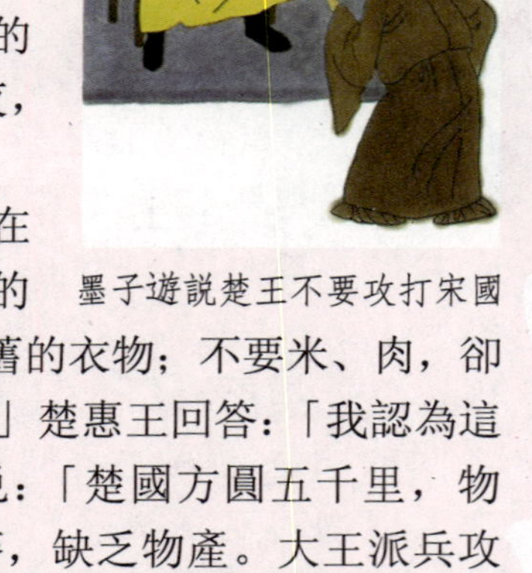

墨子遊說楚王不要攻打宋國

在楚惠王面前，墨子問道：「假設現在有一個人，不要豪華的車子，卻想偷鄰居的破車子；不要華麗的衣服，卻想偷鄰家破舊的衣物；不要米、肉，卻想偷別人的酒渣粗食。這是甚麼原因呢？」楚惠王回答：「我認為這個人一定是生了偷摸病了。」墨子回應説：「楚國方圓五千里，物資豐富；宋國土地不過五百里，土地貧瘠，缺乏物產。大王派兵攻打弱小的宋國，豈不是和那些患有偷摸病的人一樣嗎？如果大王發動這場戰爭，是得不到任何好處的。」經過墨子鍥而不捨的遊説，楚惠王終於放棄攻打宋國。

熱心救世

墨子名翟（約前476– 約前390年），春秋時魯國人。他出身下層社會，據古籍記載，是與魯班齊名的工匠，技術相當高明。他製造的木鳶，能在空中飛翔三天而不落①。墨子不僅手工藝精湛，而且喜歡做學問，莊子曾稱讚他「好學而博」。他的學説[2]，是比較紮根於社會現實的。《墨子》一書，是在墨子死後由他的弟子輯成的，記錄了墨子的言論、思想和行事。

墨子生活十分刻苦，爲了實現自己「興萬民之利」的政治主張而周遊列國，上説下教，急世之所急。有人對他説：「現在天下的人，都不肯行義，而你偏偏東奔西跑去宣揚自己的學説。你還是停下來，休息一會吧。」墨子回應説：「假設一個人有十個兒子，只有一個兒子去耕種，其餘九人只會坐享其成，那麼，這個兒子就要更努力地耕種，才可以養活家人。現在，既然沒有人去行義，你應該鼓勵我去行義，怎麼反而阻止我呢？」由此可知，墨子是一個熱心救世的實踐家，爲了實現自己的理想，「赴湯蹈火，死不旋踵」。這種「摩頂放踵，利天下爲之」的崇高人格，深爲世人欽佩。

博愛精神

「團結互助，兼愛天下」是墨子做人的準則。他認爲國與國之間互相攻打，家與家之間互相爭鬥，人與人之間互相殘害，都是因爲人們不相愛而引起的。因此，墨子主張「兼愛」，有力的要以力助人，有財的以財濟人，不分親疏上下、高低貴賤。這種主張，近乎我們所説的「博愛」。墨子主張「兼愛」「非攻」，鼓勵人與人互愛互利，反對互相攻打，吸引很多弟子跟隨。當時，儒家與墨家同被稱爲「顯學」，是影響很大的學派。

無分彼此，互助互愛

墨子的學説，內容豐富精闢，其中尤以博愛精神與反戰思想，價值是永恒的。今天，國與國之間互相猜疑，引起不少本可避免的戰爭。墨子主張的「兼愛」、「非攻」，不是可以給人們帶來啓示嗎？

①見《淮南子・齊俗訓》。

②墨子有十大主張：尚賢、尚同、節用、節葬、非樂、非命、兼愛、非攻、天志、明鬼。

韓非子集法家之大成

想一想

1. 爲甚麼説韓非子是法家思想的集大成者?
2. 爲甚麼法家學説能得到君主格外的垂青呢?

爲李斯所害

韓非(約前280－前233年),生於韓國,貴族出身。他有口吃的毛病,但文章寫得很好,與李斯同爲荀子的學生。當時,韓國弱小,飽受秦國的欺凌。韓非屢次上書給韓王,提出變法圖強的主張,但不被接納,韓王更譏笑説:「你連話都説得含糊不清,還會有甚麼治國妙策呢?」韓非很氣憤,決定著書立説,闡述自己的思想。後來,他的作品流傳到秦國,秦王政(後來的秦始皇)閲覽後,讚歎不已,説:「我如果能見到這位學者,和他交遊談論,便可死而無憾了!」不久,韓非作爲韓國使臣來到秦國,秦王政非常高興。但李斯深知韓非才識倍勝於己,恐怕韓非威脅其地位,就向秦王誣蔑他,迫使他服毒自盡。

韓非子上書韓王

法、術、勢並重

法治思想早於春秋時期已開始萌芽,到了戰國後期,已發展出一套系統的法治理論,韓非子則是法家思想的集大成者。早期的法家分爲三個流派:一是以商鞅爲代表的重法派,主張國君以「法」治國;一是以申不害爲代表的重術派,主張國君以「術」馭人;一是以慎到爲代表的重勢派,主張國君以「勢」爲政。韓非子著作的55篇文章，結集在《韓非子》一書內。他站在君主立場上，提出「法」、「術」、「勢」是君主的利器，必須互相結合，兼施並用，只要運用得宜，便能提高君權，增強國力，爭霸天下，統一全國。

韓非子強調臣子要各司其職，不可超越職權而建立功績，也不可以鋪陳言論而與行事不合。如果君主能賞罰分明，嚴格執行法令，臣子自然不會狼狽爲奸，國家就能富強。韓非子的學說，主要是教導君主如何統治臣民；秦始皇全盤採用他這一套學說，藉以統一六國。

韓非子主張君主集大權於一身，這樣天下臣民自然會服從君主。自秦始皇統一天下後，歷朝皇帝都奉行這套理論，不斷提高君權，形成中央集權統治的局面。此外，韓非子提倡變革，反對固步自封，符合社會發展的需求。這種積極進取的思想，亦對後世政治改革產生深遠的影響。

文章引人入勝

韓非子爲了使論證更爲生動活潑，寫作時運用了大量歷史故事、傳說和寓言鋪敍，善用排比、比喻、設問、反問等修辭手法，讀來津津有味，引人入勝。其中，流傳著這樣的一個故事：

有一天，韓宣王對周市說：「我的馬天天都有充足的糧食吃，爲甚麼牠們還是那麼瘦弱呢？」周市回答說：「管馬的人若是真的給牠吃飽，那麼馬匹自然會強壯肥大；如果管馬的人只是給牠吃一點點，牠自然會瘦小。你不去調查實際情況，光在這裏擔心，那有甚麼用呢？」

從這個故事，我們可得到甚麼啓發呢？韓非子告訴我們，碰上困難時，光是憂慮，是不能解決問題的；應該追查箇中原因，積極尋求解決方法。

瘦弱的馬匹

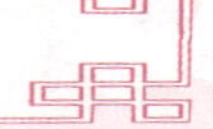

董仲舒的「天人感應」說

想一想

1. 你認爲董仲舒的「天人感應」說是不是一種迷信？
2. 董仲舒對「陰陽關係」的解說是否合理？

天人三策

董仲舒（前179－前104年）是西漢名儒。漢武帝時想招攬人才，親自主持了一個策問賢良的考試。當時四十五歲的董仲舒應召參加，漢武帝問了三個問題，董仲舒以三個答案回應。由於答案的內容都和「天人感應」相關，所以後人便稱之爲「天人三策」。

董仲舒畫像

在「天人三策」中，董仲舒認爲天和人是有感應的，二者互相影響。上天無時不在監督皇帝的行爲，如果皇帝行善積德，上天就會給予吉祥的現象，表示支持；但是如果皇帝昏庸失德，上天便會降下災兆，作爲警告。

董仲舒其實是想借天的名義開出一張清單，説明一個國君應做甚麼，不應做甚麼，做了該做的有甚麼好處，做了不該做的會受到甚麼懲罰。他把自然現象人格化，賦予天以道德的屬性。從制約皇權的角度來説，有一定的積極意義。

天人合一

董仲舒主張「天人合一」。甚麼是天人合一呢？董仲舒認爲人是天所生的，是天按照自己的模式製造出來的：天有366日，人有366個小骨節；天有12個月，人有12個大骨節；天有五行，人有五臟；天有四時，人有四肢；天有晝夜，人有視瞑；天有冬夏，人有剛柔；天有陰陽，人有哀樂；天有度數，人有計慮。他還認爲，人體本來就像天地，以腰爲界，腰以上像天，腰以下像地。爲了使界線分明，所以人要在腰上繫帶，稱爲腰帶；帶以上屬陽，帶以下屬陰。因爲董仲舒相信人體像天地，天地分陰陽，人體也分陰陽，而人體的陰陽與天地的陰陽互相感應，甚至人事和命運也和天地的陰陽相應。所以在董仲舒看來，人是一個縮小的宇宙，而宇宙則是一個放大了的人。

對於人君如何實行統治的問題，董仲舒主張「王道」必須效法「天道」。他說：「天道之大在陰陽，陽爲德，陰爲刑。」因此，王道必須陰陽相兼，德刑並用。然而，天道以陽爲主，以陰輔陽，故王道也應以德爲主，以刑輔德。董仲舒所說的德，主要是指仁義禮節、人倫綱常。他以君臣、父子、夫妻爲「王道之三綱」，以仁、義、禮、智、信爲「人倫之五常」，並認爲綱常名教「可求於天」，而不能改變。

建議「獨尊儒術」

董仲舒是儒學發展史上的關鍵人物。自武帝始，漢朝對儒士禮遇有加。董仲舒以賢良對策時，更明確提出「推明孔氏，抑黜百家」，並逐步得以實施，後來漢武帝實行「獨尊儒術，罷黜百家」的國策也是由董仲舒提出的。

董仲舒建議漢武帝獨尊儒術

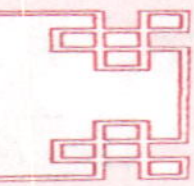

理學集大成者朱熹

1.你知道「鵝湖之會」是一種甚麼性質的聚會嗎?
2.你對「爲學」之道有甚麼見解?

鵝湖之會

南宋時候,學術界曾經有一次轟動一時的辯論大會,稱爲「鵝湖之會」。

鵝湖之會

當時,理學有兩大流派:一爲閩中學派,代表人物是朱熹(1130–1200);一爲象山學派,代表人物是陸九淵。因爲這兩派的學説主張不同,常有爭論,所以朱熹的好朋友吕祖謙想爲兩派作一些溝通工作,安排了一次聚會。吕祖謙邀請了陸九淵和他的哥哥陸九齡到鉛山的鵝湖寺,與朱熹進行一次學術討論。這次聚會,歷史上稱爲「鵝湖之會」。他們討論的是學術問題,是關於「爲學」的方法。所謂「爲學」,和我們今天所説的求學之道不同,我們求學是學知識,學習不同科目的知識,但鵝湖之會討論的是學做人的學問。

取長補短

怎樣才能做一個品德高尚的人?兩派各有不同的意見。朱熹主張「格物窮理」,即要多讀聖賢書,以提高個人修養,成爲一個有品德的人。陸九淵則主張「致知格物」,即做人最重要是本於良心，先要確定這個大方向，才能做一個堂堂正正的人。陸九淵認爲這良心是由人自己的反省而知道的，不是在書本中、在事物中研究出來的，只要反求諸己便可以了。陸九淵認爲朱熹不講這個最重要的反省功夫，卻去做考據字詞、研究外物的功夫，這樣的爲學之道是捨本逐末的。

兩人的主張各有道理，很難分出高下。在鵝湖之會後，朱熹反省兩人的論點，認爲各有優缺，應取長補短，不要太偏重於一面。他認爲陸九淵偏重自我反省，身體力行，但缺點是知識理論不足；而自己只主張讀書研究，優點是知識豐富，理論性強，但自我反省和實踐卻不足，所以主張大家應互補不足。朱熹有這樣容納別人批評的胸襟，確具大師風範。

承先啓後

在儒學的發展歷史上，朱熹是一位承先啓後的重要人物。漢代以來的大儒，大都仍沿襲以往注重章句注疏的治學方法，缺乏思辨的色彩，束縛了人們的思想和創意。及至北宋理學興起，學術討論風氣興盛，繼戰國之後出現另一個思想騰湧的局面，如鵝湖之會的爭論情景，在當時是很普遍的。以理學而言，北宋就有以張載爲代表的關學派，程顥、程頤兄弟爲代表的洛學派，邵雍爲代表的象學派，周敦頤爲代表的濂學派，他們各自對傳統儒學提出思辨性的闡釋。朱熹生於南宋，慎思明敏，他在前賢的基礎上，集理學之大成，建立了一個完善的哲學體系，對當代及元、明、清時期的學術思想有深遠的影響。

朱熹畫像

新文化運動

1. 你知道「德先生」和「賽先生」是指甚麼嗎？
2. 新文化運動提倡白話文是否切合時宜？

德先生和賽先生

《新青年》的封面

民國四年（1915 年），陳獨秀在上海創辦《青年雜誌》（隨後編輯部移到北京，改名爲《新青年》），拉開了新文化運動的序幕。當時，陳獨秀極力邀請「德先生」和「賽先生」參與。究竟「德先生」和「賽先生」來自何方呢？且看看他們的自我介紹：

德先生：大家好！我是「民主」，來自西方國家，英文名字叫 Democracy。中國人喜歡稱呼我「德莫克拉西」或「德先生」。

賽先生：Hello！我是「科學」，英文名字是 Science，人們都稱呼我「賽因斯」或「賽先生」。

德先生
賽先生：我們來到中國，是希望推廣民主自由思想，鼓勵青年追求科學的研究精神。

原來，陳獨秀希望藉西方「民主」和「科學」的精神，建設新文化、新思想，以改變當時中國專制和迷信的落後狀態。

徵婚廣告

新文化運動自 1915 年開始，持續了十來年，爲中國學術文化思想史揭開嶄新的一頁。先後參與推動新文化運動的學者有陳獨秀、胡適、李大釗、蔡元培、魯迅、劉半農等，他們都積極提倡「民主」與「科學」，爲中國帶來新的氣象。

新文化運動期間，從歐洲回國的蔡元培出任北京大學校長，他積極推動改革，主張男女同校，提倡新式教育。他對中國傳統的習俗持批判態度。蔡元培曾經刊登一則徵婚廣告（見右圖），他提出的條件，與中國傳統的婚姻禮俗大相逕庭，受到時人強烈的批評，被視爲「離經叛道」。事實上，它從一個側面反映了新文化運動的精神是希望破除不合時宜的舊禮教、舊思想，建立全新的道德價值觀。

> **徵婚廣告**
>
> 1. 女子須不纏足者；
> 2. 須識字者；
> 3. 男子不娶妾；
> 4. 男死後，女可再嫁；
> 5. 夫婦如不相和，可離婚。

提倡白話文

倡導白話文學是新文化運動重要的一環，胡適主張用自己的話寫文章，不應模倣古人寫文言文。他的主張得到很多學者的響應，如魯迅、俞平伯、周作人、朱自清、郭沫若等。新文化運動期間，魯迅以白話文寫下一系列反對舊道德和舊禮教、揭露社會弊病爲主題的小說，如《狂人日記》、《孔乙己》、《祝福》與《藥》等。而胡適、劉半農等學者也積極創作白話新詩，對詩歌的發展提出了不少建設性的主張。

掌握未來

新文化運動確實爲中國學術文化思想發展帶來了不少新元素，開創了一個新局面。究竟爲甚麼要推行文化的改革呢？我們可從蔡元培的《兒童節歌》找到答案：

好兒童，好兒童，未來世界在掌中。
若非今日勤準備，將來落伍憾無窮。

蔡元培認爲要掌握將來，人們不僅要保留優良的傳統文化，也要學習新的科學知識，不斷進修。同樣，面對瞬息萬變的世界，國人也要不斷地充實自己，認識西方文明的進步，擷取中西文化的精華，這樣才能掌握未來，不致被時代的潮流淘汰。

單元八

宗教人生

一、天·上帝·自然
二、佛陀釋迦牟尼
三、摒除慾念，離苦得樂
四、明心見性，佛理自在
五、道·無爲·真性
六、一枕黄粱，頓悟人生
七、行善積德，自然得道
八、佛教四大名山
九、道教名山話武當
十、姑蘇城外寒山寺

天·上帝·自然

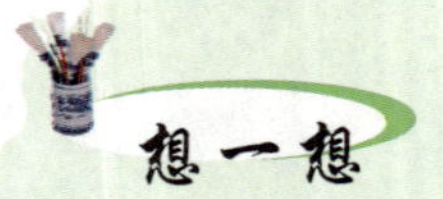

想一想

1.中國人心目中的「上帝」和西方人信仰的「上帝」有甚麽不同?
2.古人爲甚麽會崇拜自然?

人格化的天

人類文明發展，莫不源於對自然的崇拜。據中國古代文獻記載：天、地、日、月、星、河、海、山、林、谷，以及四季等等，都是神靈。例如《莊子·秋水》中便寫了黄河之神「河伯」和北海之神「北海若」的對話，可見古人以自然物爲神靈是一種普遍現象。當中以「天」最受人崇拜。古人心目中的「天」，不是自然現象的天，而是人格化的天，可稱之爲「人格天」，即所謂「上帝」。這個「天」是有意志的，就好像人的意志一樣，能決定人間的禍福，是世間的最高主宰。

你到過北京的天壇嗎？天壇是以前皇帝祭天的地方。祭天一直是歷代君主的重要祭祀大典。我們今天總以爲「天」是一種自然現象，不是甚麽神靈，但古人並不是這樣看的。古代君主爲甚麽要拜祭天呢？古語有云：「齋戒沐浴，可以祀上帝。」祭天就是祀上帝。

中國人心目中的「上帝」

然而，中國人心目中的「上帝」和西方基督信仰的「上帝」又有所不同。希伯來的「上帝」説是會創造世界，也會主宰世界的事情；而中國人的「上帝」並没有創造世界，只是主宰萬物。不過，中國人的「上帝」還具有一種神聖的權威，即是會主宰政權的興替，也就是説，「人格天」會支持賢能的君主，懲罰昏庸的君主，這就是皇帝所以要祭天的原因。主宰政權興廢的「天」有其判斷標準，就是「道德」。這個「德」就是天律標準，可以說，中國古人的道德標準也受「天律」所約束，皇帝其實不是一個可以隨心所欲，行使無限權力的人。中國重「德」的文化便由此發展而來。歷史慢慢演進的結果，皇帝主宰人間，企圖代替「天律」,「天」的「意志」越來越少，人的「道德概念」越來越強。到孔子時，已很少講天，而只講人的道德本性，並樹立了中國文化濃厚的人文精神：「以人爲本」。西方文化的發展卻由於重視上帝的創造意義，上帝的「人格性」越來越重，發展出「以神爲本」的文化精神。

自然崇拜的宗教意識

有人說，古人對自然的崇拜是一種原始宗教。這話頗有道理。古人對自然的崇拜，是因爲人對某些自然現象的疑惑，再加上人的生命有限，總會死亡；在面對自然生死時，會感到恐懼，便相信冥冥中有神靈在主宰一切。當人們面對自然的龐大力量而感到茫然時，爲了安慰自己，於是產生了一種「我命在我不在天」的信念，這種由天復命的意識，就是宗教意識。

祭天

佛陀釋迦牟尼

想一想

1.佛陀的前身是甚麽？他爲甚麽要出家修行？
2.「釋迦牟尼」是甚麽意思？

出身王子

佛陀釋迦牟尼，原不是神，而是人，本名叫悉達多·喬答摩（喬答摩是姓，悉達多是名），約生於公元前6世紀[①]，是古印度迦毗羅衛國（今尼泊爾）的王子，爲了尋求宇宙人生的真理，他捨棄榮華富貴，無意繼承王位，離開親人，出家修行。他悟得人生真理以後，人們尊稱他爲「釋迦牟尼」。「釋迦」是族名，「牟尼」是對有成就者的稱呼，釋迦牟尼意即「釋迦族的聖人」。「佛陀」是梵語音譯，意思是「覺悟的人」或「智慧的人」，簡稱爲「佛」。

悉達多在修行

①關於釋迦牟尼的生卒年代，有不同的說法：一說爲公元前565至前486年；一說爲公元前624至前544年（或前623至前543年）。但無論哪一種說法，都肯定佛陀在塵世享年八十。

出門悟道

悉達多在菩提樹下悟道成佛

悉達多十七歲時，父親淨飯王爲他娶了一個貌美的妻子。然而，王子久居深宮，非常煩悶，老想出外遊覽。一天，在隨從陪同下，他到了東門花園，碰上了一個彎背持杖的老人，便問隨從：「這是甚麽人？」隨從答：「這是老人。」王子於是感到年老是個痛苦的問題，但卻想不出解決辦法，悶悶不樂地回了王宮。

幾天後，第二次出門，看見一個病人躺在路邊呻吟，他又問隨從：「這是甚麽人？」隨從答：「這是病人。」王子又感到生病也是個痛苦的問題，他一時也想不出解決辦法。

第三次出門，他看到一具屍體，想到死亡的問題。第四次出門，遇見一個修行者，他便請教説：「出家修行是做甚麽的？」答：「出家修行可解決生老病死四大痛苦。」王子很高興，自此便有出家的念頭。終於在一個深夜，他悄然離開了王宮，到城外修行。悉達多出家修行 6 年，看到很多民間疾苦，又靜坐參禪，希望能參悟人生真諦，終於在三十五歲時，在菩提樹下悟道成佛。

創立佛教

佛陀覺悟以後，便開始收徒弟，建立僧團組織。最初成爲佛教徒的是兩個商人，他們只是在家修行，並未出家。不久，佛陀向曾經陪他修行的五人説法，爲他們剃髮，成爲佛教最早的五個出家弟子。根據佛經所傳，這五人很快便修成正果，是佛教最早的一批「羅漢」。

釋迦牟尼三十五歲成佛，到八十歲逝世。在這 45 年中，他不斷建立僧團，傳播教義，得到了社會上各界人士的信奉。各僧俗弟子繼承了佛陀的遺志，發展佛教，弘揚佛法，使佛教與基督教、伊斯蘭教並稱爲世界三大宗教。

摒除慾念，離苦得樂

想一想

1. 你能説出佛教的基本教義嗎？
2. 面對人生痛苦，我們可以怎樣運用佛家思想解決呢？

滾滾紅塵

佛教最基本的目標，是想解脱人類生老病死的痛苦，但人怎樣才可以離苦得樂呢？

人的慾望無窮，舊的慾望滿足了，新的慾望還會不斷出現，所以人只會永遠在慾念的苦海中流轉，不能得到真正的滿足。例如：人有吃的慾望，最初只是爲求吃飽，米飯麵包已足夠；能吃飽後，便要求吃得美味，要吃魚吃肉；滿足後，又要求吃得豪華，要吃鮑參翅肚。因此，人生在世，追求金錢財富，物質享受，最初可能只是夠吃夠用已經可以，但慢慢地，要求漸多，貪得無厭，慾念無窮無盡。

諸行無常

宇宙間的萬事萬物，從微塵到世界，從感受到認知，都在不停地流轉運行。每一事物的生滅代謝，都和它周圍的事物互相聯繫，互爲因果，這種宇宙萬有的變化規律，佛家思想稱爲「因緣」。各種事物既是因緣所生，就會有「成、住、壞、空」的變化過程；人和動物既然是因緣所生，也就有「生、老、病、死」等自然現象。《金剛經》説：「一切有爲法，如夢幻泡影，如露亦如電，應作如是觀。」意思是説宇宙間一切事物都

《金剛經》書影

是生滅不停的虛假現象，我們不應妄想、執著，以致自尋煩惱。

本無一物

菩提本無樹，明鏡亦非台；
本來無一物，何處惹塵埃？

這是慧能禪師的佛偈，是佛家「四大皆空」、「明心見性」概念的詮釋。《心經》說：「色即是空，空即是色。」這說明了宇宙萬物本來就是虛妄的，我們要改變自己的無知和執著。

佛陀認爲要脱離苦海，便要明白世間一切的慾望和行爲，都是因緣而起。因是主因，緣是助緣，即一切事物都是受條件決定的 。

人們對金錢財富的追求，其實是認定了金錢財富代表成功，代表有價值，所以才會對金錢財富有無窮慾望。如果明白一切事物原來都不是永恒的，不是真正的快樂，那麼人們便不會再執著去追求，而會摒除慾念，杜絶奢望。這樣，便能真正脱離苦海。

所謂「衆因緣生法，我説即是空。」明白一切事物是因緣而生，脱離追逐慾望的行列，便明白一切原是「空」。「空」是一種境界，也是一種實踐，即是把人世間的一切執著、妄想都去掉，超塵脱俗，成爲覺悟的佛陀。

佛陀

明心見性，佛理自在

想一想

1. 查一查字典，看看「磨磚成鏡」是甚麼意思。
2. 你知道甚麼叫坐禪嗎？

閉門坐禪

懷讓禪師是禪宗六祖慧能的弟子，來到了湖南南嶽山般若寺當住持。

當時寺中有一個弟子名叫道一，年紀二十六歲，在山中的草庵裏坐禪，整天閉門不出。初時懷讓禪師覺得這個弟子很用功，是個可造之才，後來發覺不對勁，便決定去看看他用功是否用得正確。

坐禪

懷讓走到道一坐禪的草庵門外，敲門請他出來。但敲了很久也沒有反應，懷讓於是把門敲得震耳欲聾，這樣才把道一請了出來。

懷讓見到道一，就對他說：「你只懂枯坐用功，這樣修行是不行的。」

道一根本就聽不明白懷讓的話，轉身又走進草庵裏坐禪。

磨磚成鏡

懷讓很擔心，覺得這樣下去不行，一定要想辦法令道一明白。懷讓於是想了一個方法，拿了一塊大磚頭到他的草庵門口，天天使勁磨，磨得很響，終於令坐禪的道一也要出來看個究竟。

道一出來一看，感到很奇怪，問：「大師，你怎麼整天在這裏磨磚頭？」

懷讓哈哈大笑地回答道：「你不懂嗎？我在磨鏡子啊！」

道一更感奇怪，問：「不是吧？大師，這是塊磚頭，怎麼能磨成鏡子呢？」

講道

「那你整天關在門裏又是幹甚麼？」

「坐禪啊！」

「坐禪是爲了甚麼呢？」

「爲了成佛。」

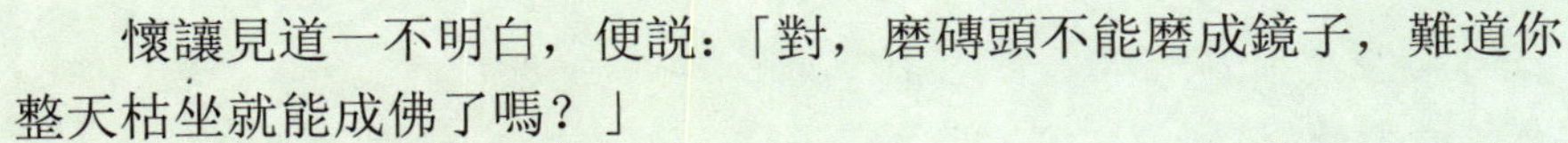

懷讓見道一不明白，便說：「對，磨磚頭不能磨成鏡子，難道你整天枯坐就能成佛了嗎？」

「那怎樣才能成佛？」

「打個比方，你要命令一輛牛車停下來，你是打牛，還是打車？」

道一聽了，猛然省悟，是牛拉動車子，車子才會走，要令車停，當然要先令牛停下來。同樣道理，人能成佛，是因爲人明白了世間事物皆是因緣而起，明白人生的幻相，摒除執著，人才可成佛。終日坐禪，徒具佛的外形，沒有用心參透成佛的道理，又有甚麼用呢？

用心悟道

參禪悟道，是在心上用功，一念明白，便能成佛，不論在草庵，還是在鬧市，所以不是枯坐學佛的樣子便會成佛的。禪宗講頓悟，即是一念明白便是佛，人人都可以成佛。佛家的道理是生活上實際可用的，能解決人生問題，是一種實踐的道理。人生痛苦的問題不是坐禪就可解決，坐禪只是其中一種方法。如果明白了世間的幻相，看破世人的執著，那麼無論你做甚麼事情，在哪裏做，都已是佛了。但如果好像道一那樣，執著於坐禪，則仍然是執著，未能放得下，未能明白成佛的道理，又怎能成佛呢？

我們做人有時也會像道一那樣，執著於某一種方法或工具，而忘掉了本來的目的。例如讀書，只爲了考試，而忘記了求學才是目的，這便是執著。如果明白了，放得下，何處不可求學？何處不可生活？又怎會因考試而感痛苦？

道·無爲·真性

1. 你知道「道教三祖」是指誰嗎?
2. 道教主張修煉精神，也主張修煉身體，你覺得何者較重要呢?

道教「三祖」

老子騎著青牛

中華文化的始祖，名叫軒轅黃帝，他聰明好學，可以説是我國研究大自然與人類關係的第一人，也可以説是後來道教教義的奠基人。

到了春秋末年，據説當時有一個名叫尹喜的函谷關關令，善觀天象。有一天，他忽然看見紫氣東來，知道將有聖人出現。不久，一位白髮老者乘著青牛車到來，尹喜便恭請他著書立説。於是白髮老者寫下了不朽的五千多字的《道德經》。這位白髮老者也就是老子。

老子認爲宇宙的根源是「道」，所以我們稱老子所代表的那種思想爲「道家」思想，而具有那種思想的人爲「道家」。「道家」主張人內心要清靜無爲，回復自然。當時的道家思想只是一種哲學主張，並非宗教。

到了漢初，高祖、文帝、景帝相繼採用道家理論治國，稱爲「黃老之治」。而後來漢武帝雖然尊崇儒術，但他也相信神仙方士，追求長生不老，希望成爲神仙，追求神仙方術一時成爲風氣，於是有人把道家學説和神仙方術結合，逐漸形成一種追求長生成仙的宗教，稱爲道教。因道教理論基礎來自黄帝，故把黄帝尊爲道教的「始祖」；又把老子尊爲道教的「道祖」。道教不單有教義，還有經典，有儀式，有制度，有宗教活動場所。到了東漢，民間出現了張角的太平道和張陵的正一盟威道，其中張陵完善了道教的組織結構，故被尊爲「教祖」。始祖黄帝、道祖老子和教祖張陵，合稱爲「道教三祖」。

性命雙修

道教主張「性命雙修」，即是既修煉人的精神，也修煉人的身體。修煉精神，目的是讓人回復自然真性，達到精神解脱，希望可超越貪念和慾望，不受世間的名利物質所誘惑，達到消遥自在、圓滿自足的境界。另一方面，修煉身體目的是健全生命，希望生命永恒，配合自然的運行規律，使人的生命與大自然的「道」結合。具體方法分爲内丹和外丹：内丹是靜坐、氣功等導引行氣的方法；外丹是冶煉丹藥，用丹藥來增補人不斷消耗的體能。最後通過這兩方面的鍛煉，使自身與「道」合一，達到長生不老的境界。

保全真性

道教的要義之一在於情緒管理，回復人的本來真性；這個真性來自「道」，是最純真的。可惜世人往往被世間的物質和慾望所迷惑，不再認識自己的真心真性，只知終生追求物質名利，所以人就在生命的苦海中不斷掙扎，痛苦不堪。

時下有些人總以爲要擁有最新型號的手機，穿名牌服裝，或者要掙很多錢，才能快樂。一生都在追求物質慾望的滿足，但可能最後發覺從没有真正快樂過，因爲每一次物質滿足之後，又會有另一個慾望等待他去追逐，不能停下來，於是痛苦不堪。道教的教義就是叫人們要知足，摒除這些追逐的念頭，返回人的真心真性，人的痛苦才會從根本上除掉，才有真正的快樂。

一枕黃粱，頓悟人生

1. 查一查成語辭典，看看「黃粱美夢」說明甚麼道理。
2. 你對人生的價值有甚麼看法？

夢裏人生

唐代小說家沈既濟寫了一篇小說，題爲《枕中記》，故事是這樣的：

話說八仙之一的呂洞賓得道之後，到處點化世人，他在邯鄲的客店遇到一個布衣少年盧生，二人一見如故，一起促膝談心。盧生自歎貧窮，又鬱鬱不得志，認爲身爲讀書人應當建功立業，出將入相，揚名聲，顯父母。呂祖聽到後，只是笑而不答，他拿了一個青瓷枕交給盧生，說只要用這個枕頭睡覺，便可得償所願了。當時客店的主人正在煮一鍋黃粱米飯，盧生便拿了這個青瓷枕一睡入夢。

呂洞賓賜枕

睡夢中，盧生回到山東的家鄉，看見青瓷枕變成了一座府第，於是便舉家入住。幾個月後，盧生娶了一位美女崔氏爲妻，跟著中了進士，又陞爲監察御史，再陞爲陜州牧，然後是京兆尹。盧生在官場上50年內，春風得意，事業平步青雲，最後官拜宰相，並獲得趙國公的爵位。他有五個兒子，每個都當官，姻親都是名門望族，子孫滿堂，享盡人間榮華富貴。八十歲後，盧生身患惡疾，雖由名醫診治，但始終藥石無靈。

盧生看見自己病死時，嚇出一身汗，霍然驚醒，發覺原來是一個夢，心中十分詫異；只見吕祖含笑坐在他身旁，一切依舊，客店主人煮的黃粱飯還未熟呢。「人生就是這樣！」盧生頓時覺悟，富貴功名原是夢幻，從此跟隨吕祖修道，仙遊而去。

現實人生

以上所説的，就是成語「一枕黃粱」的來源；「一枕黃粱」，也作「黃粱美夢」或「邯鄲夢」。在今河北邯鄲市北十公里外有一個黃粱夢村，村中有一座吕祖祠，就是紀念這一故事的。這個故事很能代表道教思想，唤醒世人不要眷戀世間功名利禄，世間一切榮華富貴，到頭來只是一場美夢，死後一無所有，不如修煉身心，摒除一切貪念執著，有朝一日覺醒，便可得道成仙。這個故事雖然屬於小説家言，不可信以爲真，但它告訴人們：應追求另一種更有價值的生活，這樣方可脱離苦海，進入永恒的人生。

黃粱美夢

人生價值

我們身邊不是有很多人和盧生一樣嗎？想追求豐富的物質生活，想步步高陞，但結果越是追求，越得不到。有些人的運氣好一些，陞官、發財、買大屋，但仍是身染絶症，病死床上。死亡是人生必經的階段，人死後，甚麽功名富貴也不能帶走。道教思想希望人能脱離這種困境，爲人生找到一個可安頓的地方，解決人的痛苦問題，也解決人的價值問題。你不要以爲道教講的滿天神仙純屬迷信，其實在這滿天神仙背後是有深意存在的。

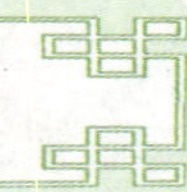

行善積德，自然得道

想一想

1. 你相信人真的能「得道成仙」嗎？
2. 你能説出宗教導人向善的特色嗎？

拔宅飛升

根據《太平廣記》的記載，有這樣一個故事：

晉代有一個人名叫許遜，他需要供養年老的母親，與寡嫂分耕桑田。他把肥沃近水源的田地讓給寡嫂，而自己只耕種那些偏遠瘠薄的田地。後來，許遜當了旌陽縣的縣令，他周濟窮人，還運用自己學會的道術去幫縣裏的百姓。數年之後，許遜感到世道衰落，官場黑暗，於是毅然辭去縣令的職位，到豫章（今江西省南昌市）附近的逍遥山隱居，矢志修道。當時，江西一帶有大蛇和蛟龍出没，當地百姓深受其害。許遜不忍，就與弟子一起殺蛇斬蛟，因此受到當地老百姓的愛戴。

爲民除害

許遜所學的道，以孝爲本，以善爲根，把「盡孝行善」作爲道術的基本原則。他不僅自己孝順母親，而且多行善事，勸人爲善。經過多年的修行，到了晉朝寧康二年（372 年）八月十五日，許遜便「舉家拔宅①仙去」，一家四十多人，全部隨他一起昇

①拔宅：指全家宅的人。許多古人的一家不像現代的小家庭，只有三四人，而是幾代人幾個已成家的伯叔兄弟住在一起，甚至包括僕人，這樣的一個大家庭，往往有三四十人之多。

上天。

許遜「拔宅飛昇」的故事是對努力行善積德的一種肯定，或者說是一種「證道」的方式。後來，人們將「拔宅飛昇」作爲修道有成的象徵。

修德得道

中國人的宗教信仰，相信通過自己的努力修爲可以得道成仙，方法就是「行善積德」。這不是去學一種甚麼神怪的法術，也不是單靠祈禱或某種神奇的力量，而是一種人人都做得到的道德行爲。許遜修煉身心，服務大眾，多行善事，勸人爲善，是尊道的行爲；他供養母親，讓地給寡嫂，是修德的表現，所以最終得道成仙。

真心待人

孔子認爲人人都可做到仁愛，人人都可以做一個有德的人，而最容易體現道德行爲的地方就是家庭。因爲做有德的人，必須出自真心誠意，而家庭就是人性表現最真切的地方。因此，道教以三寶——慈、儉、讓——教導世人如何待人接物，而主張由家庭做起。許遜因真心對待家人，進而真心對待眾生，所以得成正果，白日飛昇。

人生在世，要修煉到「長生不老」，羽化成仙，當然不可能，但「修德」畢竟是中國人的傳統美德。道教鼓勵我們做一個好人，讓我們嚮往天堂的美好，希望做一個快樂神仙；雖然實際上做不了神仙，但「修德」卻是一件令人得到真正快樂的事。宗教的真諦，在於導人向善，道教如此，其他如佛教、基督教，也是如此。

真心待人

1.「佛教四大名山」是指哪幾座山？

2.你能說出「四大名山」各有甚麼獨特的景觀嗎？

名山淵源

中國的佛教名山很多，差不多凡是名山都遍布佛寺，所以有人說：「天下名山僧佔多。」唐朝時，四川的峨眉山曾建寺一百多座。安徽的九華山最鼎盛時，有寺院近三百座。除了這兩座山外，名聞遐邇，香客如雲，要算山西的五台山和浙江的普陀山，與前二者合稱「佛教四大名山」。

普陀山觀音像

據《華嚴經》記載，文殊菩薩住在清涼山和五頂山。唐代時，五台山的澄觀法師認爲五台山有五個台頂，又有清涼無暑的特點，所以認爲文殊菩薩住的就是山西的五台山。從此，五台山的地位越來越高，成爲中國佛教名山之冠。

普陀山的著名則跟觀音有關。相傳唐朝時，有一位印度僧人飄洋過海來到普陀山，在潮音洞內隱居，十指塗上油脂自燃，求見菩薩。這時潮音洞內突然發光，觀音菩薩現身。從此，普陀山便成爲觀音菩薩的聖地。

再者，相傳東漢時隱士蒲公曾在峨眉山的頂峰看到奇光，向前來中國的印度高僧寶掌請教，寶掌說這是普賢菩薩顯靈，在這裏出現，就是要普渡眾生。《華嚴經》也記載有普賢菩薩曾在光明山的說法，而峨眉山有「佛光」奇觀，所以佛教徒認定《華嚴經》所說的光明山就是峨眉山。

至於九華山，相傳唐朝時，新羅國（今韓國）有位王族叫金喬覺，出家後渡海來到中國，雲遊到九華山，看見山峰狀如蓮花，就在一岩洞內居住，足不出洞，普渡眾生。他感動了很多善信，當地鄉紳還捐錢建金喬覺寺。金喬覺九十九歲圓寂時，山鳴谷應，群鳥哀啼，地出火光，於是人人都說他是地藏菩薩化身，稱他爲「金地藏」。從此，歷代帝王和僧侶、善信便在九華山大規模興建寺院，九華山便也成了名山之一。

各有奇觀

五台山有五座山峰，分別是東、南、西、北、中五台，由於長年冰封，夏天仍會有雪，並無炎暑，所以又稱爲清涼山。五台山五個台的台頂各有一寺，風景各不相同：東台觀日出，西台觀月昇，北台看雪景，南台看山花，中台觀天象；當地人還說：「站在中台頂，伸手摸星星。」

普陀山在浙江舟山群島上。因爲在海島上，有很多幽洞奇岩，是避暑聖地；而由於山間有許多洞，在洞中建寺，是普陀山的特色。

四大名山中以峨眉最高，山巒起伏，氣勢磅礴，古木參天，林壑幽美，有「峨眉天下秀」的稱譽。

九華山在群山之中，有九峰相連如蓮花，所以稱「九華」。山上多奇峰怪石，泉瀑溪潭，更有一棵古松，迄今已有一千多年歷史，人稱「天下第一松」。

佛教稱成道、行道或供佛的地方爲道場。四大名山之所以聞名遐邇，是因爲它們各代表了一個菩薩的道場。文殊菩薩道場五台山，觀音菩薩道場普陀山，普賢菩薩道場峨眉山，地藏菩薩道場九華山，世稱「金五台，銀普陀，銅峨眉，鐵九華。」

峨眉山

道教名山話武當

想一想

1. 武當山爲甚麽會成爲道教聖地?
2. 你知道張三丰最擅長甚麽武功嗎?

雄奇險秀，引人入勝

武當山

武當山是中國的名山，也是道教的名山，位於湖北省境內。其山勢層巒疊嶂，峰秀谷險，山中有幽洞，有深潭，有飛泉，林木茂盛，以「雄」「奇」「險」「秀」的自然風光引人入勝。武當山有72峰、36岩、24洞、3潭9泉。主峰是天柱峰，高1,612米，有超塵脱俗的天然景色，因此崇尚自然、追求仙境的道教信徒，很早就視武當山爲理想的修煉場所。據記載，歷代在武當山上修煉的著名道士有唐代的吕洞賓、五代的陳摶、宋代的張三丰、元代的張守清、明代的張三丰等。

兩個張三丰

在武當山上修煉的著名道士，確實先後有兩個張三丰。其一，宋徽宗時有一個武當道士張三丰，又叫張三峰，首創内家拳。其二，元末明初的著名道士張三丰也曾在武當山結廬修煉，名爲「會仙館」。這位張三丰爲人不修邊幅，常穿破衫爛褲，因此被人稱爲「張邋遢」。他行蹤不定，視錢財如糞土，視權勢如草芥，留下許多詩文，很有學問。明太祖朱元璋和明成祖朱棣都十分仰慕這個「邋遢道仙」，多次派大臣求訪不遇。明成祖更親筆寫信以求相見，但張三丰都避而不見，只回信請他清心寡慾，專心治國，修養德行，並說只要人民幸福，君主便也會得到幸福，人民長壽，君主便也會長壽。明成祖於是大修武當山，爲張三丰建祖廟，以建紫禁城的格局來修建道觀。從此，武當山和張三丰便名聞天下，其中的太和宮和紫霄宮，現在已被列爲全國的重點道觀。

武當武術，媲美少林

武當道士以拳術著名，與佛教的少林武術齊名，各擅勝場。武俠小說常以少林和武當爲武術正宗，互相媲美，可見武當道士對武術的影響。武當武術的傳統源於宋代的張三丰。傳說有一天，張三丰聽到雀兒急叫，從窗中看出去，見樹上有一隻雀，牠盯著地上的一條長蛇，蛇則舉目向上望，兩者相持不下：每當雀兒飛擊長蛇時，蛇則輕身搖頭閃避，並沒被擊中。張三丰由此悟到以靜制動、以柔制剛的道理，所以創出一套模仿太極變化的「太極拳」。到了明代的張三丰，又把武當拳術發揚光大，強調要養心定性，聚精會神，拋棄功名，才能練好內家拳。

武當的武術有太極拳、八卦掌、形意拳、武當劍等，它們的套路、名稱、用意都由道經中引伸而來，無不切合老子《道德經》的哲理。練習武當內家拳，要持之以恒，掌握用「意」和用「氣」，重「意」不重「力」，確有防身保健、延年益壽的功效。這種功效直到今天仍被人們所公認，不單是中國人，甚至外國人也崇尚武當的內家拳。你只要看看每天早上那麼多人在公園、操場甚至馬路邊練太極拳，便知道它的影響力了，這確是武當留給世人最珍貴的禮物之一。

張三丰畫像

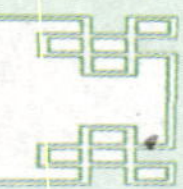

姑蘇城外寒山寺

想一想

1. 你知道寒山寺爲甚麽這樣著名嗎？
2. 讀了張繼的《楓橋夜泊》，你會不會想到楓橋下泛舟，領略那情思雋永的詩意美呢？

楓橋夜泊

月落烏啼霜滿天，江楓漁火對愁眠。
姑蘇城外寒山寺，夜半鐘聲到客船。

唐朝天寶年間，詩人張繼到長安應試落第而歸，水程經過姑蘇，客船夜泊楓橋。晚上望著天上明月漸漸落下，聽到烏雀啼秋，滿天寒霜，詩人獨對滿江的漁船燈火，客旅愁緒，襲人而來，一夜不能成眠。夜半時分，蘇州城外寒山寺的古刹鐘聲傳到詩人耳中，更提醒他身在客船，羈旅他鄉，一時感觸，寫下了這首千古絕唱。

楓橋夜泊

自此，蘇州城西楓橋古鎮的寒山寺，便蜚聲海內外，遠近知名。

寒山拾得

寒山寺始建於南朝梁武帝年間，因唐代名僧寒山和拾得曾做住持，故名寒山寺。寒山是唐代貞觀年間一個神秘而奇特的人物，既是高僧、詩人，也是乞丐、瘋漢。相傳有一次，瘦削的寒山穿得破破爛爛，瘋瘋癲癲地到天臺山國清寺遊玩。寺僧見他樣子又髒又寒磣，不讓他在寺裏掛單，只能在拾得和尚那裏討些殘羹剩飯充飢。拾得和尚是國清寺的禪師在路上撿拾回來的孤兒，所以名叫拾得，負責廚房的工作。寒山常常幫拾得洗碗幹活，兩人慢慢成了知己。他們都穿得破爛，行爲瘋癲，又喜歡故弄玄虛，像一對活寶貝。其實他們都道行高深，慧根非凡，只因看破世間的虛僞造作，才故作瘋癲，表現真情本性，可稱一代名僧。

後人稱寒山、拾得爲「和合二聖」，視之爲吉祥、歡喜的象徵，所以現在的民間也有和合二聖的畫像。他們一人持荷花，一人捧圓盒，互相擁抱，笑作一團，有和諧、好合的意思。

夜半鐘聲

站在楓橋古鎮的橋頭，舉頭遠望，便可看見樹叢中碧瓦黄牆的寒山寺。寺中青松翠柏，曲徑通幽，有大雄寶殿、藏經樓、鐘樓、楓江第一樓、清代學者俞樾寫的《楓橋夜泊》碑文等。寺中的大雄寶殿有36首寒山詩的詩碑，也有寒山和拾得的石刻雕像。

寺內有一幢六角鐘樓，就是那「夜半鐘聲」的來源。其實張繼詩中的唐代古鐘早已失傳，後來明代倣製了一個古鐘，據説清末時也被搶到日本。康有爲遊寒山寺時，曾感慨地題詩：「鐘聲已渡海雲東，冷盡寒山古寺楓。」後來日本人知道此事，於1905年鑄了一口倣古銅鐘送來，就是現在寒山寺鐘樓裏的大銅鐘。

寒山寺

寒山寺因詩而著名，《楓橋夜泊》被收入日本小學的課本，在日本家喻户曉，所以現在常有很多日本遊客到寒山寺，他們都是專慕《楓橋夜泊》詩碑之名而來，以求一睹爲快的。現在每逢除夕夜晚，送舊迎新之際，寒山寺都會傳來陣陣鐘聲，寓意來年吉祥如意。寒山寺，這座帶著濃烈歷史文化色彩的古剎，如今已成爲詩歌碑文的宗教聖地，只會帶來愉快的祝福，張繼的愁緒只能在詩中尋覓了。

附錄
初中中國語文科
中華文化學習大綱

初中中國語文科
中華文化學習大綱

本大綱參照香港初中「中國語文科課程綱要」及有關文獻，初步訂定24個範疇，所選知識點以學生爲本，以適切性爲原則，深淺度力求符合初中的程度。表列如下：

單元名稱			
1. 神話故事	2. 民間傳說	3. 社會習俗	4. 傳統節日
5. 河山風貌	6. 名勝古蹟	7. 禮儀情操	8. 工藝服飾
9. 飲食文化	10. 康樂文娛	11. 文學作家	12. 名篇佳作
13. 倫理道德	14. 經濟貿易	15. 交通傳訊	16. 科學技術
17. 藝術欣賞	18. 人文教化	19. 語言文字	20. 修辭語彙
21. 治亂興衰	22. 歷史人物	23. 學術思想	24. 宗教人生

「文學作家」與「名篇佳作」本爲一單元，「治亂興衰」與「歷史人物」亦本爲一單元；考慮到文化篇章的整體結構，故一分爲二。

一、神話故事

(一)中國神話的特色

(二)著名的神話

1. 盤古開天闢地
2. 女媧補天
3. 天狗吃月
4. 后羿射日
5. 龍的傳說
6. 精衛填海
7. 月下老人
8. 壽星彭祖
9. 八仙過海
10. 孫悟空大鬧天宮

(三)古代中國人的想像力

二、民間傳說

(一)民間傳說的特色

(二)著名的傳說

1. 孟姜女哭長城
2. 昭君出塞
3. 桃園三結義
4. 木蘭從軍
5. 梁祝化蝶
6. 白蛇傳
7. 包公斷案
8. 楊家將
9. 濟公活佛
10. 天后媽祖

(三)民間傳說的文化寓意

三、社會習俗

(一)社會習俗的特色

(二)重要的時令

1. 二十四節氣
2. 天干地支
3. 十二時辰
4. 十二生肖

(三)重要的習俗

1. 姓、氏、名、字、號
2. 祭祀與民間信仰
3. 避諱與吉祥觀念
4. 陰陽五行
5. 農耕儀式

(四)少數民族的風俗習慣

(五)文化思考：習俗與民族文化

四、傳統節日

(一)傳統節日的特色

(二)重要的傳統節日

1. 春節
2. 元宵
3. 清明
4. 端午
5. 七夕

6. 中秋

7. 重陽

8. 冬至

(三) 文化思考：節日與民族文化

五、河山風貌

(一) 河山風貌的人文特色

(二) 河山風貌

1. 黄河

2. 長江

3. 珠江

4. 五岳

5. 黄山

6. 廬山

7. 大明湖

8. 西湖

9. 太湖

10. 桂林山水

(三) 欣賞河山風貌的文化内涵

六、名勝古蹟

(一) 名勝古蹟的人文特色

(二) 名勝古蹟

1. 孔廟

2. 長城

3. 秦陵兵馬俑

4. 明十三陵

5. 岳陽樓、滕王閣、黄鶴樓

6. 故宫

7. 天壇

8. 中山陵

(三) 七大古都

(四) 歷史文化名城

(五) 欣賞名勝古蹟的文化内涵

七、禮儀情操

(一) 中華禮儀的文化特色

(二) 重要的禮儀

1. 五禮

2. 古代的婚姻

3. 古代的喪葬

4. 見面禮儀

5. 交談禮儀

6. 公共場所禮儀

7. 家庭禮儀

8. 稱謂、謙稱及尊稱

(三) 文化思考：禮儀和品德情意

八、工藝服飾

(一) 工藝服飾的民族特色

(二) 傳統工藝

1. 青銅文化
2. 陶瓷文化
3. 印刻文化
4. 石雕文化
5. 泥塑文化

(三) 著名工藝品

1. 玉璽
2. 和氏璧
3. 唐三彩
4. 景德鎮瓷器
5. 景泰藍
6. 石灣陶塑
7. 蘇繡
8. 剪紙藝術
9. 桃花塢年畫
10. 銅車馬

(四) 服飾

1. 龍袍、鳳冠
2. 唐裝、中山裝
3. 長袍、馬褂
4. 旗袍
5. 簪、釵、玉佩

(五) 少數民族服飾

(六) 欣賞工藝、服飾的民族文化特色

九、飲食文化

(一) 漢族和少數民族飲食的文化特色

(二) 飲食禮儀及器具

(三) 特色名菜

(四) 茶文化

1. 茶藝
2. 「茶聖」
3. 中國名茶

(五) 酒文化

1. 「酒聖」
2. 中國名酒

(六) 文化思考：飲食和民族文化

十、康樂文娛

(一) 傳統康樂文娛的特色

(二) 戲劇

1. 京劇
2. 崑劇
3. 粵劇
4. 梨園戲
5. 木偶戲
6. 皮影戲

(三) 遊藝競技

(四) 古今康樂文娛的變遷

十一、文學作家

(一) 中國文人的特質

(二) 傑出的文學家

1. 曹植
2. 陶淵明
3. 李白
4. 杜甫
5. 白居易
6. 韓愈
7. 李煜
8. 歐陽修
9. 蘇軾
10. 辛棄疾

(三) 文化思考：文人和文化

十二、名篇佳作

(一) 中國文學的特質

(二) 重要的作品

1. 屈原和《離騷》
2. 司馬遷和《史記》
3. 關漢卿和《竇娥冤》
4. 羅貫中和《三國演義》
5. 施耐庵和《水滸傳》
6. 吳承恩和《西遊記》
7. 曹雪芹和《紅樓夢》
8. 魯迅和《阿Q正傳》
9. 巴金和《家》、《春》、《秋》
10. 金庸和武俠小說

(三) 文化思考：文學作品的文化價值

十三、倫理道德

(一) 基本的倫理觀念

(二) 倫理價值

1. 五倫
2. 家庭觀念
3. 宗族關係
4. 慎終追遠
5. 仁義禮智

6. 忠君愛國
7. 尊師重道
8. 仁愛
9. 捨生取義
10. 君子

(三) 文化反思：倫理價值的優點和局限

十四、經濟貿易

(一) 古代經濟的特色

(二) 經濟知識

1. 以農立國
2. 重農輕商
3. 商品貿易
4. 鹽鐵官營
5. 金屬貨幣與紙幣
6. 官營及民間手工業
7. 賦稅徭役

(三) 古代著名商港和商業名城

1. 廣州
2. 泉州
3. 揚州

(四) 文化反思：傳統經濟的偏向和不足

十五、交通傳訊

(一) 古代交通概況

1. 基本建設
2. 傳訊方式

(二) 重要人物和文化交流

1. 張騫
2. 班超
3. 法顯
4. 玄奘
5. 馬可 · 波羅
6. 鄭和

(三) 文化思考：交通和中華文化的傳播

十六、科學技術

(一) 古代科技發展的特色

(二) 重要發明

1. 數學
2. 天文
3. 曆法
4. 醫藥
5. 四大發明

(三) 重要人物

1. 張衡
2. 蔡倫
3. 華佗
4. 祖沖之
5. 沈括
6. 李時珍

(四) 文化反思：古代科技發展緩慢的文化原因

十七、藝術欣賞

(一)中國藝術的特質

(二)書法

1. 文房四寶
2. 傑出的書法家
3. 書體導賞

(三)繪畫

1. 傑出的畫家
2. 傑出作品導賞

(四)建築

1. 園林藝術
2. 石窟藝術

(五)音樂

1. 重要的樂器
2. 重要的作品

(六)舞蹈

十八、人文教化

(一)古代教育制度的特色

(二)教育常識

1. 太學、國子學
2. 書院、私塾
3. 京師大學堂
4. 四書五經
5. 六藝
6. 啓蒙字書

(三)古代的選士制度

1.「養士」風氣
2. 察舉制度
3. 九品中正制
4. 科舉制度

(四)重要的教育理念

1. 有教無類
2. 因材施教
3. 不恥下問
4. 循循善誘
5. 學思結合
6. 溫故知新

(五)文化反思：古代教育的優點和偏向

十九、語言文字

(一)漢字的產生和演變

(二)漢字的性質和結構

(三)語言知識

1. 方言和共同語
2. 官話、國語、普通話、華語
3. 文言文、白話文
4. 外來詞
5. 繁體字、簡化字、異體字

(四)字典辭書

(五)漢字和文化

二十、修辭語彙

(一)漢語的特質

(二)修辭語彙

1. 典故
2. 成語
3. 俗語
4. 格言
5. 諺語
6. 歇後語
7. 反語
8. 雙關語
9. 燈謎
10. 對聯

(三)修辭語彙和文化

二十一、治亂興衰

(一)中國政治發展的特質

(二)中華民族的形成

1. 華夏始祖
2. 堯、舜、禹傳說
3. 漢族和少數民族

(三)政治知識

1. 政府組織
2. 重要職官
3. 朝代興替
4. 禪讓與世襲
5. 仁政與霸政
6. 人治和法治
7. 謚號、封號、年號

(四)文化反思：政治對文化的影響

二十二、歷史人物

(一)中國歷史上的傑出人物

(二)帝王

1. 秦始皇
2. 漢武帝
3. 唐太宗
4. 康熙帝

(三)相輔

1. 周公
2. 張良
3. 諸葛亮
4. 魏徵
5. 范仲淹

(四)將帥

1. 孫武
2. 李廣
3. 關羽
4. 岳飛
5. 鄭成功

(五)欣賞歷史人物的風範

二十三、學術思想

(一)中國學術思想的特質

(二)重要的思想家

1. 孔子、孟子、荀子
2. 老子、莊子
3. 墨子
4. 韓非子
5. 董仲舒
6. 王充
7. 朱熹

(三)新文化運動

(四)文化反思：傳統思想的優點和不足

二十四、宗教人生

(一)中華民族的宗教精神

(二)原始宗教

1. 自然崇拜
2. 圖騰崇拜

(三)佛教

1. 佛陀生平
2. 基本要義
3. 佛經故事
4. 宗教聖地

(四)道教

1. 基本要義
2. 道教故事
3. 宗教聖地

(五)文化反思：宗教、人生與現代社會